ピンチ、しくじり、失敗、ミス、トラブル……
ここぞ！で力を発揮！

仕事ができる人の逆転ワザ㊷

濱田秀彦
Hamada Hidehiko

Shigoto ga dekiru hito no gyakuten waza 42

すばる舎リンケージ

はじめに

私はこれまで研修講師として17年間で3万人以上のビジネスパーソンを見てきました。これだけ長く講師をしていると、新入社員研修に参加した人と、時を経て中堅社員研修、管理職研修で出会うこともよくあります。

そこで、感じることは「**人は逆転するものだ**」ということです。

新入社員研修の時には自信なさげで、課題もうまくこなせず「同期社員たちに置いていかれてしまうのではないか」と心配させた人が、2〜3年後には、同期の中で最も目立つ、頼もしい姿に変わっている。そして、その後立派な管理職になる。

逆転した人は必ず何かを変えています。逆転した人々に何を変えたのか聞くと、ありがたいことに、私の研修でヒントを得て「仕事の進め方」や「話し方」を変えたというケースが数多くありました。

このような経験からビジネススキルの中には、逆転につながりやすいものがあるとわかってきました。本書は、それらを42のワザとして紹介するものです。

私も就職して最初の2年ぐらい、同期の中で後れをとっていました。上司や先輩は

「焦るな」と言いましたが、**そう言われても焦ります**。その後、ある程度の実績をあげられるようになり、同期の中で、最初に管理職になれました。

しかし、試練はまたやってきます。しばらく管理職として過ごした私は、自分の可能性を試してみたくなり転職します。そこで待っていたのは、先輩社員に営業成績でなかなか追いつけないという事実です。しかも、相手は年下。管理職まで経験した自分が年下の人に追いつけないのです。

またしても上司は「焦るな」と言います。でも、その言葉はなんの慰めにもなりません。「自分はもっとできるはず」と思っていましたので、結果が出ない状況に、悶々としました。

その後、転職先でも営業成績はトップになり、管理職に昇進しました。ある程度は認められたわけです。しかし、**試練の時期のことが記憶から消えることはありません**。

この本を手にとってくれたあなたも、もしかするとそんな試練の時期なのかもしれませんね。同期に後れをとっている、自分はもっとできるはずと思っている。

そういう状況の時、上司や先輩は「焦るな」「地道にコツコツやれ」と言います。

でも、頭ではわかっても、気持ちはそうなりません。

むしろ、「**このイマイチな状況を一気に逆転したい**」と思うものです。

本書のねらいはそこにあります。まずは平均点をとって、それから地道にコツコツ加点していくのではなく、一気に状況を変えます。そして、そのために必要な逆転のビジネススキルを紹介します。

3万人のビジネスパーソンと出会い、私が目撃した**数多くの逆転劇**。そこで使われたワザを厳選して紹介します。

紹介するビジネススキルの多くは、少数の人しかできないアクロバットではありません。むしろ、身近なもので、誰にでも、すぐにできることばかりです。

「こんな簡単なことなのに、どうして今まで気づかなかったのだろう」というものがたくさん出てきます。

さあ、さっそく逆転への第一歩を踏み出しましょう！

2016年

濱田秀彦

仕事ができる人の逆転ワザ㊷　目次

第4章 上司対応の逆転ワザ

第5章 評価アップの逆転ワザ

イラスト　土谷尚武
ブックデザイン　金澤浩二（FUKIDASHI Inc.）

第1章

キホンの逆転ワザ

CASE 01

ピンチ

仕事が単調でつまらない……

自分の成長に結びつくとは思えない単調な仕事ばかりの毎日。どうしたら、そんな日々から抜け出せるのか？

逆転ワザ

自分から仕事を生み出せ！

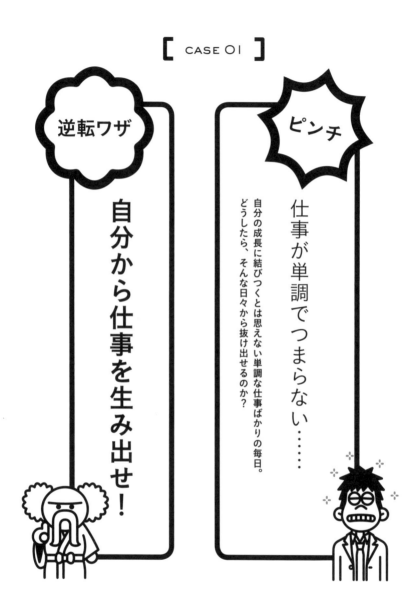

「つまらない仕事」ほど工夫できる

総務部門に勤める人からこんな話を聞いたことがあります。

「来月の今頃、自分がどんな仕事をしているか正確に予測できます。もうわかりきっているんです。モチベーションが上がりません」

ルーティンワークが多い人は、そう感じたことがあるはずです。簡単にできる仕事が増えてくると、仕事を覚える喜びや、自分の成長が実感できなくなり、ひたすら量をこなすことが中心になります。それはツライ状態です。

こんな時はまず、上司をはじめとする周囲に、**自分のやりたいことを公言しましょう。**

いつも近くにいる上司でも、あなたの気持ちはわかりません。今の仕事がつまらないと思っていても、言わなければ「現状に不満はないのだろう」と考えます。それは、上司がそう思いたいからです。ただ、「この仕事はやりたくない」と言うのはよくありません。単なる不平不満ととられ、評価を落とすことにつながります。

ここは、前向きに「こういう仕事をやってみたい」と言うのがベストです。

問題は、そういう仕事が思いつかない場合です。

そんな時には、**自分で仕事を作ってみます。**与えられた仕事を受け身でやっているだけでは、状況を変えることはできません。

とはいえ、新規事業をしたり新商品を作る部署でない限り、自分の企画で新しい仕事を作るのは難しいもの。そこで、目の前の仕事を見直してみるのです。

つまらない仕事の代表は、単調な仕事。でも、**単調ということは、効率化したり標準化できるということ。**自分の仕事について上司に「もっと効率化して、誰でもできるようにマニュアル化してみたい」と言えば、上司は歓迎するでしょう。

例えば、私の知っている入社3年目のビジネスパーソンは、売上データの誤りを見つけて訂正するという仕事をしていました。最初は、目で誤りを見つけていたそうです。やっているうちに、職人芸のように誤りを見つけられるようになりましたが、慣れてくると仕事がつまらなく感じてきました。

そこで、彼は自分の職人芸をエクセルシートに移植することを思いついたのです。

試しに、感覚的にチェックポイントにしていることをエクセルの関数に置き換え、あやしいデータには自動的に色がつくように試作しました。サンプルを上司に見せたところ、「部内の他の業務にも展開してほしい」と上司から依頼を受けました。

結果、その仕事は誰でもできるようになり、彼の手を離れて後輩が担当するようになりました。それだけではありません。

彼の評価は上がり、上司は同じような業務改善を彼に依頼するようになったのです。

もし、試作に対し上司が了承しなくても、提案はムダにはなりません。提案したこと自体が、評価されるというプラスの効果が生まれるからです。

【ポイント】

単純作業は効率化の格好のターゲット。よりよい提案をする

未来の姿

改善のプロとして頼りにされる

CASE 02

ピンチ

希望しない部署になった……

自分がやりたくない、自信がない仕事の部署に配属された。
そんな逆境をどう乗り越えていくか

逆転ワザ

「サクセスストーリー」の一部にする！

サクセスストーリーは暗黒時代からはじまる

私は例年、各社の営業部門に配属になった新入社員の研修講師を担当しています。今は、営業を希望して入社する人は少なく、営業に配属されたことを喜んでいる人も少数派です。ホンネでは、「仕事をとれるか不安」「数字のプレッシャーがイヤ」「頭を下げたくない」と思っている人もいて、営業は人気がありません。

しかし、ひとりのビジネスパーソンの経歴を考えた場合、営業の経験があるというのは、実は大変価値があることです。かつて再就職を支援する仕事をしていた時、間接部門の社員採用でも、営業経験のある人は比較的早く再就職を決めていました。営業経験があるほうが、ビジネスがわかっている、顧客がわかっているという理由で、市場価値が高いのです。

営業以外でも、現場、ラインなどさまざまな仕事を経験している人のほうが市場価値は高いもの。まずは、その仕事の**経験ができることを前向きにとらえましょう。**

もし、なかなか前向きにとらえられないようなら、もっと大きな目で見てみるとよいでしょう。

私もそうでした。就職した会社は住宅リフォーム業。支店配属になった私を待っていたのは、住宅地のインターフォンを押してまわる営業の仕事。「間に合っています」と断られ続ける毎日です。

その次は現場管理の仕事で、気性の荒い職人さんから怒鳴られることもしばしば。そしてとどめは支店長業務。部下は言うことを聞いてくれず、クレームの後始末で、残業と休日出勤。どれもこれもツラい仕事でした。

しかし今、講師をする中でネタになっているのは、すべてその時期の話。うまくいっている時の話に、受講者は共感してくれません。人は暗黒時代からどうやってはい上がったのかという話に共感してくれます。

皆さんがかつて読んだ偉人の伝記を思い出してみてください。エジソン、野口英世、ヘレンケラー、スティーブ・ジョブス……。皆、必ずといっていいほど暗黒時代があります。

だから、あなたにとって暗黒時代になるかもしれない今の状況は、**大きなサクセスストーリーの一部に欠かせないもの**と考えることができるのです。

そうするために、ひとつだけ必要なことがあります。それは、苦しい時期から何かをつかみとることです。

例えば、最悪の上司についてしまったならば、その状況でどうすれば効果的かを体得する。指導役になっている先輩が仕事を教えてくれないならば、自ら仕事を覚える方法を体得する。そうすることが、サクセスストーリーの一部にするための条件です。

その状況で大成功できなくても、後の成功につなげられる何かを見つけるのです。

そういうエピソードを持っている人は、人を惹きつけられるようになります。


【ポイント】

苦境の中でわずかでもよくなる方法を見つける

未来の姿
暗黒時代を経て、無敵の自分へ

CASE 03

ピンチ

入社した時ほどやる気が出ない……

モチベーションが上がらず、仕事に前向きになれない時はどうするか

逆転ワザ

自分だけの「モチベーションの法則」を知る

モチベーションアップのタネは人によって異なる

モチベーションが高い時のほうが仕事に前向きに取り組めますし、成果も出しやすくなります。でも、モチベーションは上がったり下がったりするもの。誰にでもモチベーションが低めの時期はあります。

そんな時に、どうやって高めるか、これは意外に重要なビジネススキルです。ポイントは、自分のモチベーションのタネが何かを見つけることです。

モチベーションのタネは人によって違います。それを見つけるためには、**「自分の好不調の波」を分析するのが効果的**です。

Ａ４の白紙コピー用紙などを使って、自分の好不調の波を書いてみましょう。用紙を横にして上下の真ん中に横線を引き、そこをプラスマイナスゼロのラインとします。社会人デビューから今までの出来事を思い出しながら、モチベーションの上がり下がりを折れ線グラフにしてください。

サンプルが見たい人は「ライフラインチャート」というキーワードでウェブ検索するとたくさんの事例を見ることができます。

グラフができたら傾向を見てみましょう。今と似たような要因で下がっている時があったら、そこから上昇に転じた時に起こったことと似たようなことを起こせば、モチベーションは上がっていくわけです。

ここで、問題になるのが、そのきっかけが**外部要因**だった場合です。本人の人事異動や担当の変更、上司が変わったことなどで上昇したのなら、同じように環境が変わるのを待つことになりますが、それではいつ上昇できるのかわかりません。

ではどうすればいいのでしょうか。人事異動がなくても、担当する仕事を変えてもらえるように上司に働きかける、上司が変わらなくても上司に対する接し方を変えてみるなど、自分できっかけを生むことはやってみる価値があります。

それで効果があったとすれば、次に同様にモチベーションが落ちかけた時の対処ができるようになります。

反対に、過去に同様のことがなかった場合は、**はじめて経験する試練**だということ。その場合は、手掛かりがありませんが、一般的な傾向から推測することはできます。

一般的には、環境変化があると落ちる人、環境変化がないとマンネリになって落ちる人に大別できます。環境変化があると落ちる人は、新しい環境に早く慣れる方法を身につけ、環境変化がないと落ちる人は変化を起こせばいいわけです。

私はこれまで1000人以上のグラフを見てきましたが、下がりっぱなし、上がりっぱなしの人はひとりもいませんでした。今下がっているということは、必ず上がる時期がくるということ。

そうなるのを、ただ待つだけでなく、**モチベーション上昇のきっかけを自分で作れるようになれば、不調は短く、谷底は浅くできる**ようになるのです。

［ポイント］

自分の好不調の波からモチベーションのタネを見つける

未来の姿

モチベーションを自在に操る

CASE 04

ピンチ

なんでこんなに仕事が多いんだ!?

やってもやっても仕事が終わらない。いつもいつも追い立てられるように仕事をこなしている状況にウンザリ

逆転ワザ

手抜き仕事を見つけろ!

仕事は値踏みしよう

ビジネスパーソンは経験を積むごとに業務量が増えていくのが通常です。最初は頑張りでなんとかできていても、いずれ限界はきます。「いくらやっても終わらない」と思った時こそ、対処法を学ぶ時期です。

業務量の多さに溺れてしまう人は、生真面目な人が多いもの。共通した傾向は、すべての仕事を同じ品質で仕上げようとすることです。

例えば、顧客向けの提案書作成は重要な仕事です。一方で、社内向けの出張報告書を作ることはさほど重要な仕事ではありません。なのに、生真面目な人は同じ工数をかけてしまう。それどころか、重要ではない仕事により多くの時間をかけてしまう人もいます。これではいくら時間があっても足りません。

そこで、**重要でない仕事には時間をかけない**という意識が必要になります。

重要でない仕事とは、**職場の業績に関係の薄い仕事**です。とりあえず、思い浮かぶ限り、時間をかけてしまっている仕事をリストアップしてみてください。そして、職場の業績への影響度の高いものに○、影響度の低いものに△をつけてください。

見直しのターゲットは△の仕事、中でも書類作成です。この仕事にかける時間を減らします。そのためには、**あえて内容を薄くする**ことも必要です。

例えば、出張報告書にかける時間を減らすことを考えてみましょう。書く時間を減らすには、書く量を減らす必要があります。

このような書類を作る場合、よくやるパターンは、以前提出した書類のファイルをコピーして、書き直していく方法です。しかし、単純にそれをやっていては書く量を減らすことはできません。以前と同じ分量を書かなくてはいけないという意識になってしまうからです。

そこで、やったほうがよいことは**項目を減らす**ことです。例えば、訪問先について個別に書いているとすれば、特筆すべき訪問記録だけ詳しく書いて、残りは訪問先を列挙して済ませてしまいます。その際、急に減らすと手抜きが目立つので、じわじわと減らしていくのがコツです。

△のつく仕事の多くは、定型業務、ルーティンワークと言われる社内向けの報告書類が多いはずです。これらは、**文句を言われないレベルまで手抜きをしていきます。**

かつて私が経営企画の仕事をしていた時、誰も真面目に読んでいない社内向けの報告書類があることに気づきました。でも、なくそうとすると管理職などから「一応見たいから残しておいてほしい」と言われます。こんな〝一応見る程度のもの〟に、貴重な時間を投入するのはムダです。

手抜きというと、サボりを推奨しているようですが、そうではありません。限られた時間を、重要な仕事（業績に影響の大きい仕事）により多く投入するため、やらねばならないことなのです。

【ポイント】

業績に影響のない書類作成仕事の工数を減らす

未来の姿

重要な仕事だけに時間をかける

CASE 05

ピンチ

納期前にいつもバタバタする!!

どの仕事も間に合わせるのに必死で余裕がない。どうしたらいいか?

逆転ワザ

納期は〝無視〟

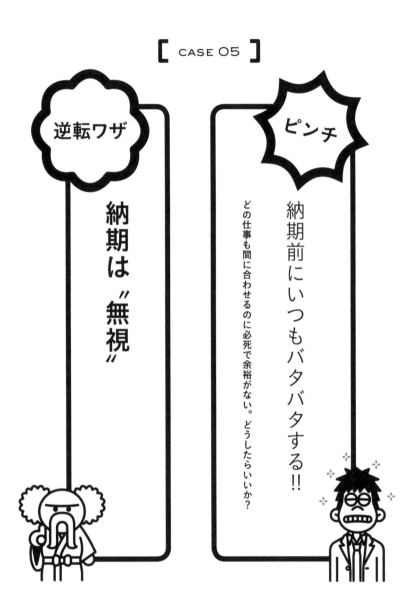

悪循環を断ち切るシンプルな方法

月のはじめに、上司から「月末の30日まで」に書類を提出するよう依頼され、スケジュール表の30日の欄に「書類提出」と記す。誰もがやっているようなことですが、これこそが、納期ギリギリになってしまう原因です。

そうすると、1ヵ月近くの間、そのスケジュールを見るたびに「まだやらなくても大丈夫だろう」と考え着手しません。そして、月末が近づき「そろそろやらないと」と考えて2日前あたりに取りかかろうとする。

ところが、そういう時ほど、クレームなど予測できない飛び込み仕事が入ってしまい、着手が遅れる。納期ギリギリになってやっとはじめられると思ったら、書類作成に必要なメモが見当たらない。結局、冷や汗をかきながら月末に滑り込みセーフで提出。これがよくあるパターンです。

この悪循環を断ち切る方法があります。それは、**納期ではなくそれより前に自主的に設定する提出日を管理する**ことです。わかりやすく言えば、「納期」は上司から言われた日で、「提出日」は自分で勝手に決めた日です。あえて、正式な納期はスケジュール表には記さず、自分で作った提出日があたかも納期であるというように、自分をダマします。

例えば、月末の30日までに書類を提出することになったら、落ち着いて取り組めそうな日に作業をし、順調に提出できる想定で、自主的に提出日を決定します。

それが27日だったとしましょう。その日に提出すると仮定して作業を進め、順調にいったら、納期前に提出します。もともと忙しくなさそうな時期を作業日に割り当てていますので、順調に進む可能性は高くなります。

万一、その時に割り込み仕事が入ったとしたら、そこではじめて本来の納期がいつであったか確認すればよいのです。この場合は、まだ3日の余裕があります。それを活用して本来の納期には間に合わせることができるはずです。


提出日管理に加え、もうひとつやったほうがよいことがあります。

スケジュール表に提出日を記すと同時に、**提出書類を作ってしまう**ことです。

ただし、作業時間は10分以内。おそらく、パソコンからフォーマットを選び、タイトルを考え、ざっくりとした目次を作ることしかできないでしょう。

しかし、これには大きな効果があります。それをすることで、必然的に、その先の作業の予測をすることになるからです。

本格的に着手するまでにしなくてはならない事柄、作業時間のおよその見積もりなどがわかります。また、注意事項のチェックもできます。

どちらも簡単なこと。やってみてください。

【ポイント】

スケジュール表に自分で決めた提出日を書き、10分だけ着手する

未来の姿

いつでも早くて正確な仕事ができる！

CASE 06

ピンチ

人より時間がかかってる……

同じぐらいの実力なはずなのに、
自分だけ時間がかかっているのはどうしてか

逆転ワザ

着手前に「完成形」を イメージせよ!

小さな習慣で激変したあるビジネスパーソン

かつて私が営業課長だった頃、対照的な2人の部下がいました。営業マンとしての実力はほぼ互角。しかし、仕事のスピードが大きく異なっていたのです。

仕事が速いほうの部下は契約をとるまでに顧客に出す書類が少ない。2~3ページの提案書を1~2回出すだけ。見積もりは概算で話を進め、正式な見積もりを出す時には、ほぼ受注が決まっています。

もうひとりは、契約を決めるまでに、7~8ページの提案書を3~4回出す。正式なものに近い精度の見積もりを繰り返し出してもなかなか決まらず、結果的に商談期間が長くなる。

仕事のスピードの違いはここにあります。**スピード感をもって仕事を進める人は、必要最低限のことしかやらず、必要なことの見極めがとてもうまい**のです。一方で、仕事のスピードが遅い人は「念のためこれもやっておこう」と作業のボリュームを自ら増やしている割には、肝心なポイントを見落としていたりします。

その後、仕事のスピードが上がらなかった営業マンは、たったひとつの行動を変えることで、一気に仕事のスピードを上げました。彼のとった方法は、シンプルです。顧客の前で**次回出す提案書のラフを書いてから帰ってくるだけ**です。

1回の商談時間の中で手応えのあった話について、A4用紙1枚にラフを書き「こんな感じで提案書を出そうと思うのですがどうですか」と相手に聞きます。そうすると顧客は「それはいらない」「これがないと話が進まない」などと意見や要望を言ってきます。そこで、求められる条件が整理でき、社に戻ったら後は必要最低限のことをやるだけ。提出書類は減り、商談のスピードは一気にアップしました。

仕事のスピードが遅い人がスローモーションで動いているわけではありません。ポイントを曖昧にしたまま、**余計な手間をかけているせいで、結果的に工数が増えている場合が多い**のです。

前出の彼も、それまでは、商談時間の終わりに「社に戻って考えてきます」と言い、ポイントを曖昧にしたまま帰っていました。しかし、社に戻って考えても、よい考えが生まれることはめったになく、手探りのまま余計な手間と時間をかけただけでした。

この例は、営業マンが顧客に提出する提案書類のことでしたが、この方法は営業以外の仕事にも応用できます。

例えば、上司に書類を提出する時。指示を受ける際に、最終的なアウトプットを、ラフで確認し合うことで、余計なものを省き、必要なものをモレなく入れることができるのです。
そうすれば、1回の提出で仕事を終えられます。提出してからのやり直しや修正は時間のムダ。そんなムダを省くのも仕事全体のスピードアップにつながります。
現代のビジネスシーンでは、ドキュメントが納品物になることが多々あります。さまざまな場面に応用できますので、やってみる価値があるでしょう。

【ポイント】

打ち合わせ段階で最終アウトプットのイメージを書いて確認する

未来の姿

効率よく、仕事がサクサク進む

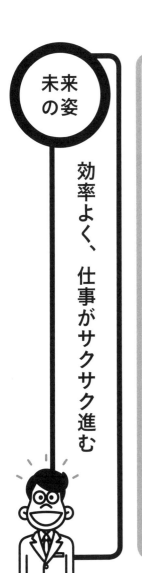

CASE 07

ピンチ

アイデアが出てこない……

ミーティングで意見を持ち寄る、業務改善提案を出すなどの場面で、いつもアイデアが出なくて困る！

逆転ワザ

5分間「ひとりブレスト」でザックザク！

生み出そうとするから出てこない

私が講師をしている研修の中では、アイデア出しの練習をしています。その方法は自由にアイデアを出すブレーンストーミング、ごく一般的なものです。テーマは「会議で意見がたくさん出るようにする方法」など、さほど難しくないものにします。

ところが、他者がポンポンとアイデアを出す中で、固まってしまい、指名されても苦しそうにパスを連発する人がいます。

アイデア出しが苦手な人には、共通した特徴があります。それは、いいアイデアを出そうとし、頭に浮かんだものを却下してしまう点です。このタイプの人は、日常的に「でも」「けど」「ただ」といった言葉を使うことが多く、**批判的にものごとを見る**傾向があります。

そんな人に推奨しているのが、**「他の人が言ったことと似たようなことを言う」「他の人が言ったことと反対のことを言う」**という方法です。

例えば、「会議で意見をたくさん出し合うには」というお題で、誰かが「屋外でやる」と言ったら、似たようなこととして「旅行とセットでやる」、反対のこととして屋内をイメージし「居酒屋でやる」などです。ものごとを批判的に見る人は、反対のことを言うほうが出しやすい傾向がありますので、そちらを意識するとよいでしょう。

会議のように、即答が求められる場面では、前述のように、他者の意見を活用してアイデアを出す方法をとりますが、少し考える時間がある場合に活用できる方法があります。それは「**ひとりブレーンストーミング**」です。

本来は、5~6名程度のグループで行うこの方法をひとりでやってもらいます。例えば、スピーチの研修で、テーマが決められない人には、白紙のコピー用紙を渡し、

・5分で10個のテーマ候補を挙げてもらいます。

・ルールはブレーンストーミングと同様に、アイデアの質は問わず数を求め、似たようなものがあってもよいという決まりです。

そうすると、なんとか5~6個は出してくれます。ここがポイントで、最初から「5個出すように」と言うと、2~3個しか出してくれません。少し、多めに目標設定したほうがよいのです。

5分たったらアイデア出しはやめ、出た候補の中からテーマを選んでもらいます。

こうすれば、テーマは必ず決まります。

アイデア出しの苦手な人は、「アイデア出し」と「選定」の2つのステップを混ぜてしまい、ひとつ挙げては却下し、しまいに何も出なくなるという傾向があります。**アイデア出しと選定を分けて進めるとそれが防げる**のです。

アイデアが天から降ってくるのを待つより、このような方法を使うほうが、楽にアイデアが出せます。

【ポイント】

似たようなもの、反対のもので候補の数を増やし、選定は別ステップにする

未来の姿

アイデア出しの得意な人になる

CASE 08

ピンチ

頼んでも動いてくれない、あの人

仕事を頼んだはずなのに、動いてもらえない時がある……

逆転ワザ

「会話型」か「文書型」かを見分けよ!

相手は頼まれたと思っていない

依頼をしても人が動いてくれないと、仕事が進みません。自分がやるべきことをやっているのに、仕事が進まない状況はツラいものです。

頼みごとをしたのに相手が動かない原因として真っ先に挙げられるのは、**依頼の表現の問題**です。例えばメールで依頼をしたつもりでも、受け取った人が読み落としている可能性があります。

単純な話ですが、メールのタイトルの冒頭に「**お願い**」というひとことを入れるだけで、「**これはアクションの必要な依頼なのだ**」と相手に認識させることができます。

また、人が集中してメール本文を読めるのは6行目までと言われています。これは、宛名や挨拶文を含めてのことです。

例えば、「○○産業の価格交渉の件でお願いがあります。5%の値引きを了承していただけないでしょうか」というように書きはじめ、ことの経緯はその後に書いたほうがよいのです。

一方、依頼をスルーされてしまう人は、「○○産業の件ですが、経緯を申し上げますと……」のように、順を追って記そうとします。その結果、肝心な依頼のところを読み飛ばされてしまったりするのです。

客観的に見ると、読み飛ばす相手が悪いのですが、管理職の中には1日に100通以上のメールを受け取る人もいます。安全策として、冒頭からストレートに記したほうがよいのは確かです。

もうひとつ、人を動かす手として、**相手が「口頭で動く人」か、「文書で動く人」かを見極めて依頼する**という方法があります。

これにはCASE12（60ページ）でも後述する「苦手タイプ」が活用できます。「せっかちな気分屋タイプ」には、面と向かって会話で依頼し、その場でやってもらうようにしたほうがよいでしょう。一方、「レスポンスの遅い細かいタイプ」には、ペーパーやメールで依頼したほうが動いてくれます。

かつて、私が営業マンだった頃、口頭で依頼をしても、なかなか動いてくれない内勤の管理職がいました。ある日、その人がいない時に依頼事項をメモ書きにしてその人のデスクに貼っておいたところ……。翌日、改めて確認に行くと、すでに依頼したことをやってくれていました。私は「**この人は口で言ったことは重視せず、メモで渡したことを優先するのだ**」と気づいたのです。

　その後、その人への依頼は、たとえデスクにいてもメモ書きして渡すようにしました。そして、そのノウハウは同僚には内緒にしておきました。そうすれば、自分の仕事をいつも優先してもらえるからです。ズルいやり方ではありますが、大いに得をしたことは事実です。

【ポイント】
口頭で動く人か文書で動く人かを見極めて依頼する

未来の姿

人を動かすツボをつかめる

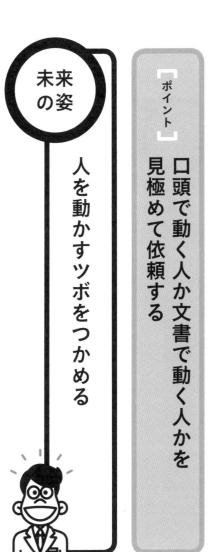

CASE 09

ピンチ

話かけられて仕事が進まない……

雑談に付き合わされ、自分の仕事が進まない状況をどうにかしたい

逆転ワザ

「話かけるなオーラ」を出す

人のよさがアダになる

上司や先輩から雑談の相手にされることが多い人がいます。好感を持たれていて、話しかけやすい雰囲気を持っているから話しかけられるわけです。これは、悪いことではありませんが、本人は仕事に集中できず困っていることもしばしば。毎日ともなると仕事への悪影響も少なからずあるでしょう。

こんな状況を打開するためには、2つの方法があります。

打開策①：ひとつめは**脱出**です。集中して仕事をしたい時、自分のデスク以外の場所で落ち着いて仕事ができるところを見つけます。よく聞くのが、2名しか入れないような打ち合わせ用の小部屋です。そこに必要な道具を持ち込み、作業をします。

あるいは、空いている大きな会議室の片隅に陣取るのも手です。外出の多い仕事ならば、カフェに立ち寄って仕事をしてくるのもよいでしょう。ただ、離席がしにくい職場もあります。

打開策②：そこで、もうひとつの方法として、**自分のデスクにいながら、話しかけられないようにする**ことを考えます。

これには、周囲に「今、忙しそうだから話しかけてはいけない」と思わせるような演・出をする必要があります。**「話しかけるなオーラ」を出す**わけです。

具体的には、気難しい顔をしつつ、時々「まずいなあ」などと小声で言う。頻繁に腕時計を見つつ「間に合うか」と独り言をつぶやきながら作業をするのも手です。

そして、話しかけられたらわざとひと呼吸おいて「あっ、すみません。なんでしょうか」と、いかにも集中していて声をかけられたことに気づかなかったようなリアクションをとる。あるいは、「すみません、少し待ってもらえますか」と切迫した雰囲気で答えるようにします。

このようにすると、**相手は雑談のような重要度の低い話をしにくくなります**。それだけではなく、雑用的な仕事を振りにくくなる効果も得られます。

ただ、ずっとこういう態度をとっていると、相手と自分の関係はギスギスしてきます。話しかけられて困っているような人は、もともと協調的な人が多く、周囲とは穏便にやっていきたいと思うもの。

そこでお勧めなのが、自分の「**プライムタイム**」だけそのようにすることです。プライムタイムとは、集中しやすく仕事の能率が上がる時間帯です。

例えば、午前は11時から12時、午後は3時から4時など、1日の中で午前、午後に各1時間、合計2時間程度自分の仕事の能率が上がる時間帯を見つけます。その間は、話しかけるなオーラを出し、質を高めたい仕事や量をこなしたい仕事をするわけです。

ちなみに、プライムタイムには、打ち合わせを入れないようにしておくと、仕事の能率を上げることができます。「打ち合わせ、いつがいい?」と聞かれたら、「何時でもいいです」とは言わず、プライムタイムを避けて候補を出しましょう。

【ポイント】

「プライムタイム」をもうける

未来の姿

メリハリつけて仕事ができるようになる

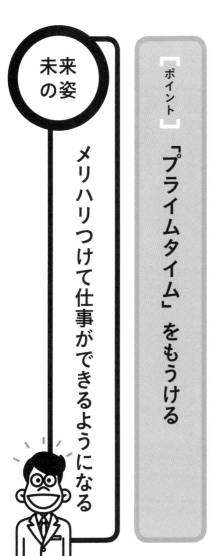

CASE 10

ピンチ

電話をかけるのに抵抗がある……

電話で面会を申し入れてアポとりをするなど、電話でのビジネス折衝が苦手。どうしたらいいか

逆転ワザ

電話をとりまくれ！

メール世代は電話が苦手？

ある企業のリーダー職の人が、新人の電話応対がよくないので注意したところ、「私はメール世代ですから」と開き直られ唖然《あぜん》としたと話していました。これは、極端な例でしょうが、実際のところ、フォーマルな場面で電話を使った経験が少ない若手社員は増えています。

電話での会話は敬語をはじめとして独特の言い回しが数多くあり、慣れるまでに時間がかかります。しかし、電話での会話を苦手としている状況が続くことは、本人にとってよくありません。

電話番号しかわからない相手に連絡をとりたい時は電話するしかありません。また、顧客にご意見をうかがうといった時にはメールよりも電話のほうがニュアンスがつかみやすいですし、突っ込んだ話もできます。**電話は意外に重要なビジネスツール**なのです。

どうやって慣れていくかですが、最も簡単な方法は、**職場にかかってくる電話をとりまくる**ことです。そうすれば、必然的に会話せざるをえなくなり、相手の話を聞いていれば、自然と独特の言い回しがインプットされます。

実は、**電話はかけるより受けるほうが難しい**のです。かける場合は、話す内容を決め、メモを作り、落ち着いて自分のタイミングでかければよいのですが、受けるほうは、そうはいきません。

いつ、誰から、何の要件でかかってくるかわからず、その場で状況に応じた対処をしなくてはなりません。数多く電話を受ければ、かけるのが楽になるだけでなく、状況対応という重要なビジネススキルが上がります。

職場の電話を積極的にとると、他にもいいことが起こります。私は、28歳で転職しました。それまで部下を持つ管理職だった私ですが新しい会社では下っ端です。

職場の電話をとるのは下っ端の役目。面倒ではありましたが、私はせっせと電話をとりました。それを続けていると、**顧客や動いている案件、社内の誰が何を担当しているかが、自然とわかるようになった**のです。

また、数多く電話をとると、事務担当の方から感謝され、早く職場に溶け込めます。私は転職後、せっせと電話をとったことが、2年後にトップセールスになれた大きな要因だと思っています。

電話での会話に関し、やったほうがよいことが2つあります。ひとつは「**相手よりゆっくり話す**」こと。慣れてくると、早く処理したいという気持ちから、相手より早く話すようになりがちです。それは相手を急かすことになります。

もうひとつは「**お礼やお詫びは頭を下げる**」こと。相手から見えないのにそうするのは、気持ちを入れるという意味に加え、頭を下げる際のわずかな声の変化から、それを察知する相手がいるからです。やってみましょう。

【ポイント】

電話用の敬語に慣れる必要がある

未来の姿

電話を駆使して、ビジネス達人に！

CASE 11

ピンチ

どうしよう！　クレームがきた!!!!

クレームの場面をどう乗り切ればよいか、災い転じて福となす方法はあるのか……

逆転ワザ

ひとつだけ、「予想以上」な対応をする

謝るだけではクレームは収まらない

クレームはないに越したことはありませんが、きちんと仕事をしていても起こってしまうもの。自分のせいでなくても、クレーム対応を迫られる場面もあります。

クレームでイヤなのは、怒っている相手とコミュニケーションをとらなくてはならないことに加えて、**「何をやっても相手は納得しないのではないか」**という不安を抱えながら対処していかなければならないことです。

そういう時こそ、セオリーに頼ったほうがよいもの。クレームで相手が怒っている時の対応は、「①謝罪→②苦情に対する共感→③対処→④再発防止策」の順です。

お詫び（①）をするのは当然のことですが、**大切なのは苦情を言われた際の「②共感」**です。怒っている相手は「こちらはこういう被害をこうむった」と訴えます。それを言わなければ気持ちが収まらないからです。

この時点では、対処のことは一時忘れ、相手の気持ちに共感することに集中します。

例えば相手が「3日間、不便な思いをしている」と言ったら、その3日間を味わいながら「3日も申し訳ありません」というように述べます。そうすると、相手は「わかってくれたか」と怒りのトーンを下げてくれます。

相手が苦情を言うのは、持って行き場のない怒りを誰かにわかってもらうためです。その受け皿になるのが第一歩。その後、対処をしていくわけですが、ポイントになるのが、たったひとつでよいので相手の予想を上回る行動をすることです。

単純な例として、顧客への納期が遅れている商品が、やっと夕方に手元へ届いたとします。その段階で顧客に「今、手元に商品が届きました」と電話をすると、相手は「明日入手できる」と予想するでしょう。

そこで、「今から持参しようと思うのですが、いかがでしょう」と言えば、**相手の期待を上回る**ことになります。


かつて私はこんな体験をしたことがあります。あるメーカーのリュック型のパソコンバッグを2年ほど使っていたところ、肩ひもの根元がほつれてきました。保証期間内だったので、修理をしてもらおうと、そのメーカーのサポートに電話をしました。

すると、「その時期の製品は肩ひもに問題があったので、問題の個所を強化した新品と無償交換します」という回答が返ってきたのです。

そのような回答は予想もしておらず、大いに驚いた記憶があります。そして、それ以来、私はそのメーカーのバックしか買わなくなりました。また、知人にもこの話をして勧めました。

このように、**クレームの対応が予想を上回ると、相手は一気にファンになる可能性があります**。ただでさえ、大変なクレーム対応。どうせ大変ならどこか1ヵ所だけでも、相手の予想を上回る行動をしてみましょう。

【ポイント】苦情への共感と期待以上の行動をとる

未来の姿

クレーム相手が自分のファンになる！

CASE 12

ピンチ

やっかいな顧客の担当になった……

怒りっぽい、厳しい、細かいなどさまざまな難しい顧客を担当する
ストレスフルな状態でどうするか

逆転ワザ

「苦手タイプ診断」で
サクッと対処！

苦手タイプはひとつに絞れる

難しい顧客を担当すると大変です。大変なのは、「相手の言動が理解できない」からです。突然怒り出す、とてつもなく厳しい要求をしてくる、異常に細かい……など、共通して言えるのは、「ありえない」です。

難しさの原因はここにあります。**ありえないのは自分を基準に考えているから。**「自分はそうしないのに、この人はそうする」というのがありえないのもとです。

一方で、あなたが突然怒り出すクセのある営業マンだとしたら、**同じクセを持つ顧客とうまくやっていけます。**そういう営業マンにとって、突然怒り出す顧客は「ありえる存在」。同じタイプ同士なら、自分がよかれと思うことが相手のツボにうまくミートできるのです。

そこで、まずは、難しい顧客を、「①せっかちな気分屋タイプ」「②威圧感のある厳格タイプ」「③レスポンスの遅い細かいタイプ」の3つに分けてみます。

あなたは、どのタイプが一番苦手でしょうか。きっと苦手なタイプは、あなたと大きく異なるタイプです。それぞれ対処法を見ていきましょう。

①「せっかちな気分屋タイプ」への対処：「アバウトでよいからすぐに」です。

持ち帰ることなく、すべてその場で対処すると関係は大きく改善します。そして、コミュニケーションは会って話す、電話するなど口頭で行うほうが効果的です。詳しい内容はいりません。ひとことで話すのがコツです。

②「威圧感のある厳格タイプ」への対処：「事実と選択肢を示す」です。

厳格タイプは自分が決めないと気が済みません。そのために必要な事実情報、選択肢を求めます。それ以外の話を聞くことは、厳格タイプにとってムダな時間。このタイプの顧客と話す場合は、単刀直入がポイントです。

③「レスポンスの遅い細かいタイプ」への対処：「考える時間を差し上げる」です。

予告したり、宿題にしたり、考えておいてもらう方法をとります。また、ペーパーやメールなど文字にしてやりとりしたほうが話が前に進みます。この相手に対しては、話すペースをゆっくりにし、データを示して説明します。

このようにタイプ分けして対処することには大きな利点があります。目の前にいる苦手タイプひとりにうまく対処できれば、これから会う同じタイプの顧客への対応が楽になるのです。
そして、そのタイプの顧客への対応がうまくできることは、同じタイプの上司ともうまくやっていけることにつながります。

【ポイント】

難しい顧客は「気分屋・厳格・細かい」の3タイプに分け、対処する

未来の姿

どんな相手ともうまくやっていける

CASE 13

ピンチ

取引先でまったく相手にされない

顧客が、同行した上司や先輩の話は聞いてくれるが、
自分の話はまったく聞いてくれないので困る

逆転ワザ

決裁権があるフリをする

どうして軽く見られるのか

私の研修にきた営業マンから「お客さんが私を相手にしてくれません。同行した上司や先輩とは話すのですが、私の話はほとんど聞いてくれません」という悩みを聞いたことがあります。**存在感が示せないツラい状況**です。

このような場合、原因は2つ考えられます。ひとつは、専門的、技術的な知識や経験が少なく、役に立たないと思われているケースです。これは、専門知識、技術知識を身につけることでしか解決できません。

もうひとつは、**決裁権がないため話が早く進まないと思われている**ケースです。

顧客は「この人に話しても責任ある答えは得られない。結局上司に相談するのだろう」と考えています。これに対しては、すぐに効果が表れる方法があります。それは、「**決裁権があるように演出する**」ということです。

例えば、ひとりで価格交渉に行くような時、事前に上司と値引き可能な幅を確認しておきます。そうして、顧客と価格を交渉しに行った際、相手の希望額が想定した値引き幅の範囲ならば、「わかりました。この金額で会社を説得します。必ず説得しますので、この場でＯＫをいただけますか」と言い切ります。

そうすれば、顧客は「この営業マンは決裁権を持っているのだ」と考えるようになります。それまで「社に持ち帰って検討します」「上司と相談します」と言っていた営業マンが、こういう発言をすればインパクトも大きく、一気に相手の中での存在感を上げることにもつながります。

そのためには、価格交渉に限らず、納期、条件など顧客と交渉する際の落としどころを事前に上司と擦り合わせしておく必要があります。逆に言えば、それさえしておけば、**顧客から「頼もしい」と思われる可能性が出てくる**わけです。

以前、女性の営業職の方からこんな相談を受けたことがあります。「お客さんが、重要な話になると、担当者の私にではなく、私の男性上司に電話してしまいます。私が女性だから軽く見られているのだと思います。どうしたらよいでしょう」。

今時、女性だからという理由で軽く見るような失礼な人は少ないと思いますが、決裁権の少なさを連想される可能性はあります。

私は、彼女に先の例に挙げた決裁権の演出を勧めました。１ヵ月ほどしたある日、彼女からメールをもらいました。「やってみたところ、顧客が相談を自分にしてくるようになりました」という朗報でした。

顧客を自分に向かせる方法は他にもあります。**フットワークの軽さ、レスポンスの早さを行動で示す**ことです。多くの案件を抱えている上司や先輩に比べ、若手社員は身軽であることが多いもの。それを活かして、上司や先輩にないものを顧客に示します。

顧客が自分に向いてくれない状況はツラいものですが、その目を自分に向かせることは、意義の大きいチャレンジ。自分に向かせましょう。

［ポイント］

事前に上司と打ち合わせをして落としどころを決めておく

未来の姿

ビジネスシーンで存在感が一気にアップ！

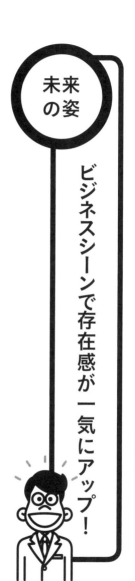

第②章

ビジネス会話の逆転ワザ

[CASE 14]

ピンチ

うまく話せない！

先輩や上司は、みんなカッコよく、スラスラと話しているけど、私にはそんなことはできない。どうしたらいいんだろう……。

逆転ワザ

目指すべきは、究極の「聞き上手」

話ベタな人の不思議な傾向

この章では、代表的なコミュニケーションスキルである「話す」「聞く」を中心に取り上げます。コミュニケーションの語源は、「同じものを持つ」ということ。その難しさは、**立場や考え方の違う人々が同じものを持つ**ことにあります。

本章で、その難しさを乗り越えられる「話し方」「聞き方」を身につけましょう。

管理職やリーダー向けの研修の中で、プレゼンや説明・説得といった「話し方」、傾聴のような「聞き方」という対照的な2つのテーマをプログラムに組み込むことがあります。

講師をしていると、話すことを苦手にしている人はすぐにわかります。自分の言いたいことがまとまらない、相手に伝わっていないと感じて焦り、ますますうまく話せず落胆する。しかし、そういう人が「聞き方」のプログラムになると、実によい聞き方で相手の話を聞いている。これは、よくあることです。

話すのが苦手な方は、聞き上手なことが多く、そのことに本人が気づいていない場合がほとんどです。そして、強みである聞き上手を高めようとせず、苦手な話すスキルにばかり目を向けていいます。実にもったいないことです。

もちろん、話すスキルもビジネスでは大切です。しかし、**話すことを苦手としている人が「すごくうまく話す」レベルを目指すのは大変**です。

当面割り切り、話すことについては「なんとか伝わる」レベルで手を打ちましょう。そして、そのぶんのエネルギーを聞き方の向上に向けてください。

講師をしていると時々、他の講師とジョイントで研修を実施することがあります。同じ内容を、複数の教室で同時並行で進めるというものです。

昼休みには、講師控室で4～5名の講師が一緒に食事をします。彼らの中には、たいていすごい経歴を持っている人がいます。例えば、証券会社出身で何千人の中でトップセールスを続けていた人、住宅、自動車などの販売で輝かしい業績をあげていた人などです。

トップセールスマンというと、話がうまく、よくしゃべる人という人物像を想像するかもしれませんが、まったく逆です。共通していることは、とても聞き上手であること。**どちらかというと物静かな人**という印象を受けるほどです。

一般に、商品が高額になるほど、物静かで聞き上手なセールスマンが多くなります。高い買い物をしようとしている顧客を説得するには聞き上手でなければならないということです。**ビジネスにおいて、聞き上手の価値は想像以上に高い**のです。

聞き上手を目指すなら、目標は高く設定しましょう。目指すお手本はカウンセラーです。カウンセラーのようなよい聞き方、よい質問をすることを目指しましょう。

そのために必要な技術は、この後本章で紹介します。

【ポイント】うまく話せない人ほど、聞き方を極めるべき

未来の姿 よい聞き手として、人を動かす！

CASE 15

ピンチ

聞くのも話すのも苦手……

目を見て会話すると気詰まりになりやすく、
うつむいて話したりすることが多くなってしまう

逆転ワザ

「目」で会話せよ！

会話がスムーズになる「視線」の合わせ方

前項で、話すのが苦手な人は、聞き上手の傾向があると言いましたが、中には両方ともうまくいかず苦労している人がいます。

そういう人の共通点は、**相手の目を見て会話をしない**ことです。これができないと、話す際の説得力が生まれませんし、聞き手が「きちんと受け止めてくれていない」というように感じられてしまうなど、両方に影響してしまいます。

目を見て会話するのが苦手な人は考えるのに時間がかかる人。会話中もずっと考えています。考えるためには視線がじゃまなのです。この状況を克服するには、次の3ステップで進めます。

STEP①：目を見て聞くことです。「目を見て話す」こと、「目を見て聞く」ことを比較すると、圧倒的に目を見て聞くほうが楽です。まずは、聞く時に相手の目を見るようにします。話すことを考えなくて済みますので、視線の負担感が少ないのです。

視線を合わせるのに慣れていない人はこれだけでも結構なエネルギーを使いますが、そうしていると、視線が合っている状態に自分を慣らしていくことができます。

しかも、これで会話の最中、相手に「きちんと聞いてくれている」という印象を与えることができるようになります。

STEP②：質問する時に相手の目を見るようにします。この場合、会話は質問すること、よく聞くことを中心にするとよいでしょう。そうすれば、考えるのは相手です。自分は考える負担が少ないため、楽に視線を合わせることができます。

ここまでのことが自然にできるようになれば、視線を合わせた会話への苦手意識は解消しているはずです。

STEP③：目を見て答えることです。答えるためには考えなくてはなりません。視線を合わせたまま考えるのは難度が高くなります。少しでも話しやすくするためには、考える時に視線を切ることが有効です。

このような段階を経て、最終的には相手の目を柔らかく見たまま会話を続けられるようにします。

目を見て会話することは、意外に重要です。リーダーになった時、メンバーを説得するには目を見て話さないと影響力が半減します。また、相手の話を聞く時に目を見て聞かないと、関心がないように思われてしまいます。それでは、相手に心を開かせて、本音を引き出すことはできません。
将来よきリーダーになっていくためには、目を見て話すことが必要不可欠です。しかし、リーダーになった時に急に目を見て会話できるようにしようとしても、それは難しいこと。
慣れるのに時間がかかることだからこそ、早い時期から少しずつ進めていきたいのです。

【ポイント】

目を見て「①聞く→②質問する→③答える」の順で慣れる

未来の姿

聞き上手になれる！

[CASE 16]

ピンチ

なんで「言ってることわかる?」って聞かれるの!?

顧客や上司から「言ってることわかる?」と高圧的に繰り返され、もうウンザリしている……

逆転ワザ

相手の言葉をオウム返し

レスポンスを示す

「言ってることわかる?」この言葉を強く言われるのはイヤなものです。上から頭を押さえられているような気がしますし、バカにされているような感じもします。だから、言われないようにしたいもの。対策を考えましょう。

相手が「言ってることわかる?」と言うのは、**聞き手のレスポンスが感じられない時**です。「言ってることわかる?」という言葉は「**少しは反応してよ**」と言っているのと同じこと。だから、解決策は相手にわかりやすいように反応することです。

前提になるのは、相手の目を見て聞くこと。視線をそらしていると、聞いているように見えません。前出の視線の使い方を参考にしてください。

その上で、相手にわかりやすい「反応」を加えていきます。反応の基本は、あいづちです。**あいづちは、うなずきと言葉から成り立っています**。

うなずきは、相手の話のペースに合わせてします。話している相手の顔を見ていると、話しながらかすかに上下していることがわかります。それに合わせると、ペースが合わせやすくなります。

ここでポイントになるのがあいづちの言葉です。うなずいていても、無言だと相手は観察されているような気がして話しにくくなります。言葉はあったほうがよいのですが、「はい」ばかりになっても単調です。「ええ」「承知しました」など、3種類ぐらいは混ぜて使うと効果的です。

このように、**基本になるあいづちを打つこと。これが、反応です。**

さらに、相手の言葉を繰り返す「リピート」もできると理想的です。リピートをすると、相手は「伝わった」と感じます。ただ、すべて繰り返していては会話になりませんので、繰り返すのは重要な部分だけ。**相手が強調している部分を聞き分けて繰り返します。**

例えば、上司が「今期やらなくてはいけないことはいろいろあるが、最も大切なことは新規開拓だ」と言ったら「新規開拓ですね」と繰り返すのです。「最も」や「一番」がついた言葉は重要と判断する際の目安になります。また、「来期のチームのコストダウン目標は10％だ」と聞いたら、「10％ですね」と繰り返す。ビジネスでは数字が重要である場合が多く、数字も目印になります。

こうしてリピートをすれば、話をしている相手は「伝わっている」と認識しますので、「言ってることわかる？」というフレーズを言わなくなります。そして、話を早く切り上げてくれる可能性が出てきます。

この章のはじめに、「話すのが苦手な人は聞き上手を目指そう」と提案しました。ここで紹介したスキルを実践すれば、聞き上手になっていけます。今日から早速やってみましょう。

【ポイント】

目を見て、あいづちとリピートを加える

未来の姿

相手との会話がスムーズに進む

CASE 17

ピンチ

相手の話がよくわからない!!

会話をしている際、相手の言っていることがよくわからない。どうすればいいか

逆転ワザ

「とおっしゃいますと?」

抽象的な言葉を具体化する問いかけ

相手の言っていることがよくわからないのに、わかったような顔をして聞いていると、後で困ることになります。また、「たぶんこういうことだろう」と推測し、それが違っていると、その後の仕事にも悪い影響が出ます。

とはいえ「おっしゃることがよくわかりません」と言えば、相手は気分を害するでしょう。相手は「もっとわかりやすく話せ」と言われている気持ちになるからです。

こういう時に使えるのが「**とおっしゃいますと**」という言葉。

例えば、上司が「この案件は、慎重にやってくれよ」と言ったとします。これだけでは、何をどう慎重にやればいいかわかりません。

そういう時に、「慎重に、とおっしゃいますと」と聞き返せばよいのです。そうすれば、「話す相手の順番を間違わないように、ということだ」というように、具体的な話を聞けます。

この方法は、顧客との会話でも使えます。顧客が「今回は、政治的な事情があってきみには発注しにくいんだ」と言ったとします。政治的と言われても、背景がさっぱりわかりません。こういう時には、「政治的、とおっしゃいますと」と聞いてみると「詳しくは言えないんだけど」とヒントぐらいは話してもらえます。

「とおっしゃいますと」のような質問を**深掘り質問**と呼びます。相手の話を深く掘っていき、言葉の奥にあるものを引き出す質問です。

前出の例では話の意図や背景を引き出しましたが、**深掘り質問を使えば相手の本音を引き出すこともできます。**例えば、同僚との会話で、相手が「もう限界かも」と言ったら、「限界っていうと？」と聞いてみます。

そうすれば、「限界」という言葉の意味することが、「会社をやめたい」ということなのか、「担当を変えてもらいたい」ということなのか、それ以外の意味なのか、話してくれるでしょう。それによって、話の方向は変わります。

なお、深掘り質問をした後で、相手が話そうか話すまいか迷っている様子の時には、黙って待つより「**差支えない範囲でかまわないんですが**」「**差支えない範囲でいいんだけど**」というひとことを加えたほうが、話してくれる確率は上がります。

黙って待っていると、「言えない」という言葉を、相手が発しやすくなってしまうからです。「差支えない範囲で」というのは、相手の話を引き出す呼び水になります。

相手はいったん話しはじめれば差支えない範囲を越えて話すでしょう。

このように、相手の話を深掘りしていくスキルは、ビジネスのさまざまな場面で役立つだけでなく、プライベートでも役に立つものです。

そして、あなたが将来、リーダー、マネジャーになった時、メンバーのことをよく知るために、必要になるスキルです。

［ポイント］
深掘り質問で、話の内容も人間関係も広げていける

未来の姿
真因や相手の本音を引き出せる人になる

CASE 18

ピンチ

「話が長い！」と苦情を言われる

上司、先輩、同僚から「もっと簡潔に話せ」と言われてしまうのはナゼ？

逆転ワザ

2つのキラーフレーズで解決

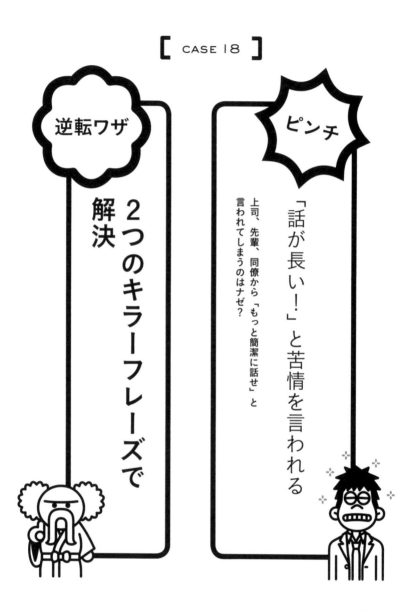

話しながら考えると長くなる

周囲から「話が長い」としょっちゅう言われ困っている人は多いもの。**話が長くなる人の諸悪の根源は、考えをまとめないうちに話しはじめてしまう**ことです。

例えば、ミーティングで「チームで週に一度ノー残業デーを作るとしたら何曜日がよいか」というテーマで、順番に意見を言うことになったとします。

話しながら考える人は「難しいですね。時期によっても人によっても忙しい曜日は異なりますし。突発の仕事が出てくることもありますし。ただ、週末はどちらにしても避けたほうがよいとは思いますし、週はじめは結構元気ですからノー残業にしても効果が薄い気がしますし……」というように話します。

これらは、結論を導く過程で、頭の中に浮かぶこと。思考プロセスを言葉にしたものです。そして、**本来言わなくてよい**こと。他者が聞きたいのは「結局何曜日がいいと思うのか」です。それを聞けずに待たされるから話が長いと思われるのです。

話を短くするのは簡単です。思考プロセスを言葉にせず、結論と主な理由だけを言えばいいのです。

この場合だったら「私は水曜日がいいと思います」と言います。そうすると、周囲は「なんでそう思うの？」と疑問に思うでしょうから、「週の真ん中に中締めを作るためです」と理由を簡潔に述べます。

周囲が求めているのはこういう話し方です。人はあなたの思考プロセスが聞きたいわけではありません。最終的なアウトプットを聞きたいのです。

こういう話し方を習慣化する方法があります。単純に2つのフレーズを口グセにするのです。

ひとつは「**結論から言うと**」、もうひとつは「**ひとことで言うと**」です。先ほどの例で言うと「結論から言うと、水曜日がいいと思います」「理由をひとことで言うと、週の真ん中に中締めを作るということです」となります。

このパターンは、意見を言うほとんどの場面にあてはめられます。先にこのフレーズを言うことによって、結論や要約の言葉を言わなくてはならないように自分を追い込むのです。

そして、この2つのフレーズは、ビジネス会話のさまざまな場面で活用できます。

例えば、上司にクレームの報告をする際、「結論から言いますと、お客様は返品を希望しています。理由をひとことで言うと、希望したものと違う商品だからということです」というように使えます。

2つのフレーズは、セットで使わなくてもかまいません。新商品をお客様に紹介する際「この商品の特長をひとことで申しますと、メンテナンスがいらないことです」というように単独でも使用できるのです。

これまで話が長いと言われていた人が、このように話せば、その変化は大きく感じられ、周囲の評価は一気に変わります。

【ポイント】**結論から言うと、ひとことで言うと**

未来の姿

後輩の「話すお手本」になる

CASE 19

ピンチ

意見を言ったのに、「結局どっち?」って聞かれる

会議の席で、賛成か反対か白黒はっきりしなくてはならない場面で考えを述べても、優柔不断と思われてしまう

逆転ワザ

「イエス・アンド」「ノー・バット」で応対

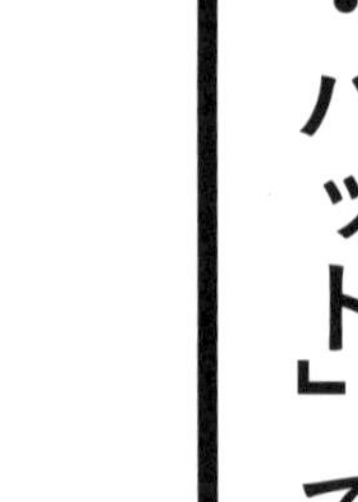

答えのはじめは、イエスかノー

例えば、ミーティングで、「間もなくやってくる新人の育成方法をどうするか」を話し合っているとします。上司が「半年間、1ヵ月ずつ指導担当を交代制にして育成するのはどうだろう」とメンバーに意見を求めました。

意外に多いのが「そうですね。メリットとしては～デメリットは～。いずれにしても、なかなか難しいですね」と答える人です。しかし、それでは**答えになっておらず、はっきりしない、優柔不断だと思われてしまいます。**

この質問に対する答えの結論は、イエスかノーかの二択です。まずは、「私」からはじめ、続けてイエスかノーかをはっきりと言います。ここからは、答えがイエスの場面とノーの場面に分けて考えます。

①イエスの場合：イエスの後に賛成の理由を述べます。例えば、「私は賛成です。指導担当の負担が軽くなりますし、新人がいろいろな先輩の仕事の仕方を教わることができますから」というようになります。これが**イエス・アンド話法**です。

②ノーの場合：前半は、「私」からはじめてノーをはっきり言います。例えば、「私

は反対です。一貫した指導ができなくなり、新人が戸惑う可能性が大きいと思いますので」というように述べます。

答えがイエスの場合は、ここで終わってよいのですが、ノーの場合は、ここで終えては不十分です。ビジネストークのセオリーで**「反対するなら対案を」**というものがあります。他者がテーブルに載せた意見をテーブルからどけようとするならば、代わりの意見をテーブルに載せる必要があるのです。

そこで、ノーの理由に続けて対案を述べます。例えば、「ただ、指導担当をひとりにすると、その人の負担が大きくなることも確かですので、メイン担当にサブ担当を加えて負荷を分散させてはどうでしょう」というように。

ノーの理由を告げた後、話の流れを変えます。そのきっかけになる言葉が「ただ」(バット)の部分。これが、**ノー・バット話法**です。

ノーバット話法は、さまざまな場面で活用できます。例えば、顧客から無理な依頼をされた時の対応です。システム開発を受注した後に、無償で機能を追加するような要望があったとします。

そんな時にも「申し訳ないのですが、無償というわけにはまいりません。ただ、使用頻度が低そうなサブシステムの開発をやめ、トータルでは当初の金額通りに収めることはできます」というようにノー・バットを利用することができます。

ノー・バットは、ノーをはっきり言う勇気が得られる話法とも言えます。

賛成か、反対か、はっきりしなくてはならないケースでは、この2つの話法を活用しましょう。そうすれば、はっきりしないとか優柔不断と言われることはなくなります。

【ポイント】

賛成ならばイエス・アンド、反対ならばノー・バット

未来の姿

イエス・ノーがはっきり言える

CASE 20

ピンチ

押しが弱くて説得できない！

人を説得できず仕事を前に進められない。このもどかしい状況はどうしたら抜け出せるか

逆転ワザ

相手のセリフで誘導する

最もパワフルな説得の材料とは？

「説得」とは相手にこちらが意図した変化を起こすもので、ビジネスを前に進めるためには欠かせないアクションです。しかしこれはなかなか難しいもの。

研修にくる皆さんの中にも、「説明を終えると、そこで話が途切れてしまい、最後は『検討する』とうやむやにされてしまう」という人がいました。

説得が上手な人は、声が大きく押しの強い人が多いもの。説得を苦手としている人は、そういう人と自分を比べ「**自分は押しが弱いから**」と性格的な部分で仕方がないと思ってしまうようです。

説得を苦手としている人は優しいタイプの人が多く、たしかにキャラクター変更は難しいでしょう。そういう人のためにスキルがあります。性格を変えるのではなく、スキルを身につけて説得力をアップするのです。

まずは、説得に至るまでのプロセスを４つに分けて考えます。ひとつめのプロセスは、**相手に起こしたい変化が何かを伝える**こと。２つめは、それが**相手にとってどういう意味があるかを伝える**こと。３つめは**相手の言い分を聞く**こと。最後の４つめは

合意を得ることです。

例えば、効率アップのために、業務処理をパターン化したいケースで、自分の作業の後を担当する同僚の了解を得なくてはならない場面を考えてみます。はじめのプロセスは、起こしたい変化を伝えること、今回の提案の主旨と、了解がほしい旨を伝えます。

そして、ポイントになるのが2つめの「**相手にとっての意味**」を伝える部分です。「こうすることで、あなたのやっているこの作業が軽減できる」と伝えます。

ここまでうまく進んだとしても、次の壁があります。人は、変化に対して漠然とした恐れを感じます。「でもこういう場合はどうするの。その他にもいろいろなケースがあるし」というように言ってくるでしょう。ここは3つめのプロセスとして丁寧に「そう心配するのは当然だよね」と共感的に聞きましょう。

そして仕上げはプロセス4の合意作りです。ここで最も頼りになる説得材料はプロセス3で相手が言った言葉です。「あなたの言う通りいろいろなケースがあって、それが業務を複雑にしていると思うんだ。まさに今回のねらいは、それを少しでもシンプルにしていこうということなんだ」というように**相手の言葉で説得します**。

相手は、自分の言ったことに対しては反論できません。そうして説得が成功します。そのためにはプロセス3で相手の話をよく聞いて、説得材料をストックしておくことが必要です。

仕上げは「テストケースでやってみて、うまくいかなかったら、もとに戻せばいいと思っている。やってみない？」とハードルを下げて、押します。

このように説得すれば、大きな声も人間的な圧力もいりません。今のあなたのキャラクターのままでソフトに自然に相手を説得できるようになります。

【ポイント】
相手の話をよく聞き、相手の言った言葉を使って説得する

未来の姿
説得上手で仕事が進む人になる

CASE 21

ピンチ

「あの人暗い」って思われてるかも

職場で弱音をはいたり、ネガティブな発言をして、
まわりの表情が曇った気がする……

逆転ワザ

「ポジティブエンド」を習慣に

周囲を暗くするネガティブエンド

職場ではいつも前向きでいたいものです。**「疲れた」「もうダメかも」**と弱音をはいたところで状況は変わりません。それに、弱音を聞いた周囲は困惑します。

とはいえ、疲れていたり、問題が重なるとつい弱音を言ってしまうのが人間です。そんな時、どうすればよいか考えてみましょう。

残業や休日出勤が続き、うっかりため息をついて「疲れた」と言ってしまったとします。同じように残業や休日出勤を続けている職場のメンバーは、あなたをチラっと見て、目をそらしました。メンバーの表情を曇らせ、**職場の雰囲気を重くしてしまったの**です。

こういう時に、言ったほうがよいことは「よし！　エナジードリンク飲んでもうひと頑張りするか」という言葉。そう言えば、途中の「疲れた」は帳消しにできます。

最後に言ったことは、印象に残るもの。心理学ではこれを「**親近効果**」と呼びます。今に近い、より新しい情報が印象に残るという意味です。

だから、最後を前向きにして話を終えることは重要なのです。私は、話を前向きに終えることを「**ポジティブエンドの法則**」と名づけ、習慣化することをお勧めしています。ポジティブな話も、ネガティブな話も最後はポジティブに終えるということ。

ポジティブに終えるのは簡単です。未来の話をすればよいのです。未来はいくらでも変えられます。たとえ「ダメかも」と言ってしまうような状況でも、「これから最後のチャンスに賭けてみる」というように付け加えます。

結果が悪く、やはりダメだったとしても、最後は「**また次、頑張るよ**」と終える。こういう人には人望が集まります。

一方で、ネガティブエンドが習慣になっている人がいます。どんな話も、最後は暗く終わってしまうのです。

例えば、連休に海外旅行に行くというような明るい話も、最後は「使ったぶんをまた稼がなくちゃならないから気が重いよ。残業代も減らされてるし」とネガティブに終わってしまう。

これは、「プラスの話をしたら、マイナスを付け加えてバランスをとろう」とするもので、常に客観的でいようとするタイプの人がしがちなパターンです。でも、話を聞く側はいい迷惑。いつも、暗い気持ちにさせられてしまいます。

これが重なると、職場で「弱い」「暗い」「ネガティブ」というレッテルを貼られます。そういう人こそ、ポジティブエンドの習慣が有効です。マイナスイメージを一気に払しょくすることができます。

そして、ポジティブエンドを習慣にすれば、周囲によい影響を与えられるリーダーになっていけるのです。

【ポイント】

最後は「未来の話」をする

未来の姿

周囲を明るくできる人になる

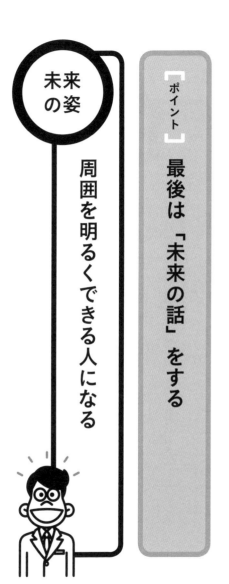

CASE 22

ピンチ

上司や先輩への失言を取り消したい！

悪気はなかったのに言葉の選択を間違えた、つい言い過ぎてしまったなどの気まずい状況をどうするか

逆転ワザ

かまわず話し続けよう

失言のパターンは決まっている

言ったことを後悔するような失言。これを言ってしまう状況は、大きく分けて2つあります。ひとつは、我慢に我慢を重ねた末に言ってしまう。もうひとつは、調子に乗ってうっかり言ってしまう。

言わないほうがよいのですが、人間は完璧な存在ではありません。ここは、**言ってしまった後でどうするか**を考えましょう。

しょっちゅう失言しているのに許されてしまう人を見ると、共通点があります。それは、**失言した後も、相手に話し続けている**ことです。

先日、研修後の懇親会で、こんなシーンを見ました。上司も部下も一緒に参加する場でお酒も入り、部下の上司に対するトークがきわどくなってきます。言ったことをよく忘れてしまう上司を責めている様子です。

「ちょっと調子に乗り過ぎじゃないか」と思いつつ見守っていると、しまいには「しっかりしてくださいよ」と部下がひとこと。聞いていた私はヒヤリとしました。上司の顔色が変わったからです。

それでも、部下は話し続けます。「うちの課は、課長が頼りなんですから」「自分は課長のコマになって動く覚悟はあります」などと言っています。

いつの間にか、上司を持ち上げるトークになっていたのです。上司もまんざらではない表情に変わりました。

「しっかりしてください」という、本来上司に言ってはいけないような言葉も、話し続けて、後半のトークで薄めてしまったわけです。**失言が許されるタイプ**の人が使っているのは、こういう方法です。

これは、理にかなっています。もし、「しっかりしてください」と言った後で話をやめてしまうと、そのひとことが光ってしまいます。その間に、相手の怒りは増幅するかもしれません。話し続けるというのは、有効な作戦なのです。

ここで、気をつけなくてはいけないのは、言い訳になってしまわないように、ということです。**「さっき、こう言ったのは」などと、説明すると逆効果です。**言ってしまったことには直接触れず、リカバーしていったほうが得策です。

この手が使えない場合もあります。自分が失言だと思っていない言葉が、相手の気分を害していると、周囲からの話でわかった場合です。その時は、詫びるしかありません。

「昨日は失礼しました。課長にはいつもいろいろと言わせてもらっているので、つい甘えてしまい、あんな言い方をしてしまいました。申し訳ありません」というように。

気づいた段階ですぐ、相手を持ち上げつつ詫びるのがポイントです。このように対処すれば、失言の影響は少なくできますが、やはり失言はないほうがよいもの。気をつけましょう。

［ポイント］失言後も話し続けて薄める

未来の姿

何を言っても、信頼を失わない！

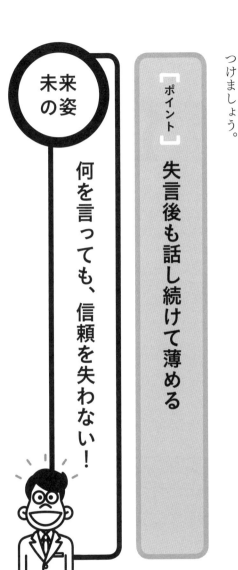

[CASE 23]

ピンチ

間が持てないから飲み会は苦痛……

職場の飲み会など、オフタイムの付き合いが苦手

逆転ワザ

15分ごとに場所移動

話が続かず気まずくなる

暑気払い、忘年会といった飲み会や、休日に職場単位で行うバーベキューイベントなど、オフタイムの集いを苦手にしている人がいます。

業務ではないので、イヤなら参加しないという手もありますが、そんなところで波風は立てたくないと思う気持ちもあります。そうして、仕方なしに参加し、なかなか進まない時計の針を眺めながら過ごす。そして集いが終わるとドッと疲れる。

この手の人は、雑談が苦手で、間が持てないという人が多いもの。そんな状況を変える手が3つあります。

方法①：幹事になることです。幹事は、運営のために席をはずすことが多くなります。雑談の場に加わらなくて済み、気は楽になります。しかも、他者から労をねぎらわれることもあり、一挙両得です。ただ、幹事を引き受けるのは面倒となると、残る方法は次の2つです。

方法②：移動することです。1ヵ所に長くいると、だんだん話も続かなくなってきます。ある場所に15分いたら、次の場所に移動する。こうやっていると、あっという間に1時間たちます。こうして、時間を短く感じられるようになれば、飲み会の気苦労は減るでしょう。いろいろな人と話すこともでき一石二鳥です。

方法③：最後は、根本的な方法で、雑談のスキルを磨くことです。雑談に苦労する人は「何を話せばいいかわからない」ということが多いもの。その発想を変えます。雑談では話す必要はなく、相手に話をさせればよいのです。

雑談の際、相手に長く話させたければ、**「オープン質問」**を使います。例えば、「最近は何で忙しいのですか？」と聞けば相手は、「そうだな。やっぱり決算関連の仕事かなあ。それと会議が多いんだよ」と相手は長く答えます。これが、「最近は忙しいですか？」と答えがイエス・ノーに限られる質問（「クローズ質問」）をしてしまうと、相手は「うん」と答えたきり沈黙してしまう可能性があります。

このオープン質問の代表例は、**５Ｗ２Ｈ「いつ、どこで、誰が、何を、なぜ、どのように、どれくらい」**です。

例えば、相手はゴルフが趣味だが、自分はゴルフはまったくわからないという状況だとします。そんな時は５Ｗ２Ｈの出番です。「最近はいつ行きました？」「どこに行ったのですか？」「ゴルフの魅力って、何ですか？」「ゴルフをはじめたきっかけは？」「どうするとゴルフがうまくなりますか？」というような質問を適当に組み合わせれば、10分程度の雑談は簡単にできます。

こうすれば、自分が知らない話題でも会話が成立します。むしろ、自分が知らない話題のほうが相手は「教えてあげる」と上から話せるため、気分がいいのです。加えて聞き手が「へえー」「勉強になります」と驚くようなリアクションをすれば、相手の気分は、さらによくなります。

この雑談スキルを、移動しながら使えば、飲み会はあっという間に終わるでしょう。

【ポイント】 移動しながらオープン質問

未来の姿 雑談の達人になる

第3章

プレゼンの逆転ワザ

【 CASE 24 】

ピンチ

アガリ症で、大勢の前で話せない！

説明や発表、プレゼンなど、人前だとアガってしまってうまく話せない。どうしたらいいのか

逆転ワザ

誰か「ひとり」にだけいつも話す

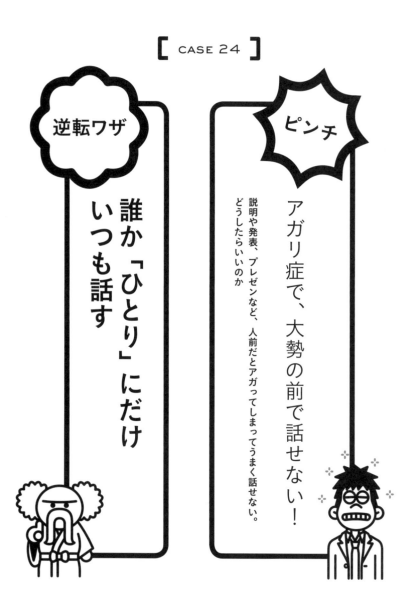

アガリに効く3つの対策

プレゼンの講師をしていて最も多く聞くのがアガリの悩み。対策として主に3つのアドバイスをしています。

アガリ防止策①：ひとつめはルーティンを固定すること。ルーティンとは、ラグビーの五郎丸選手がやっているアレです。ルーティンという言葉の意味は「一連の決まった動作」です。いつも同じ動きをすることで、緊張しやすい場面でも平常心で臨めるという効果があります。

アガリやすい人は、このルーティンがない場合が多いもの。話し出すまでの動作が毎回違います。だからこれを固めましょう。

私がお勧めしているルーティンは、**「口のストレッチ」「胸のストレッチ」「挨拶の固定化」**です。口のストレッチは、自分のプレゼンの前に、口を開けておくことです。具体的には、人差し指と中指をタテにして、口に入れます。そうすることでいつもより口が開き、明瞭に話せると同時に、口が開くことで出だしのスピードを抑制でき、かみにくくする効果が生まれるのです。

「胸のストレッチ」は手を後ろに組んで、胸をそらすこと。姿勢がよくなり、呼吸がしやすくなるため、声が出やすくなります。これに加え、肩を上げ一度力を入れて抜く脱力動作をしておくと、体がほぐれ、気持ちも緩まるでしょう。「挨拶の固定化」は、挨拶言葉を統一することです。私のお勧めは、「宜しくお願いします」という言葉。これは、社内外、どんな時間帯でも使えます。

このように、話がはじまるまでの一連の動作を固定化することで心理的な負担はだいぶ軽くなります。

アガリ防止策②：2つめは、話しはじめたらひとりずつ話すこと。アガリのもとは、大勢に向けて話しているという意識です。いつも、ひとりにだけ話すことで、会場に自分とひとりの聴衆の2人しかいないかのように、自分を錯覚させます。

3〜5秒の間、ひとりにだけ話したら、次は相手を変え、同じようにします。相手を変える場合は、奥から手前のように、視線を大きく振ると適度な間が生まれて効果が増します。この技法は「**アイコンタクト**」と呼ばれるものです。

これを実践する際、うなずいて聞いてくれる人だけに視線を送りがちなのですが、**会場にいる人には均等に視線を送ってください**。特定の人ばかり見ていると、視線が行かない人は無視されていると感じ、批判的になる可能性があります。

アガリ防止作③：3つめは動くこと。直立不動で話していると緊張が高まります。例えば、説明に入る前に、手元の資料を持ち上げて聴衆に見せながら確認する。ここで動いておくだけでもアガリは軽減されます。

以上の防止策は、全部やるとよいのですが、それぞれ単独でも効果はあります。自分の型を早く完成させること、それがアガリ防止に役立ちます。

［ポイント］ルーティンを決め、ひとりにだけ話し、適度に動く

未来の姿

大勢の前でも堂々と話せる

CASE 25

ピンチ

聞き手の反応が鈍くてツラい……

大勢の前で話すと、聞き手のリアクションが薄いのはナゼ？

逆転ワザ

「疑問→解決型」話法

一瞬で相手を引き込む方法

話をしている時、相手の反応が鈍いと、話が伝わっているのか不安になりますし、乗っていけないものです。そんな時に使えるのが**「疑問↓解決型」の進行**です。疑問↓解決型の進行とは、**聞き手に問いかけながら話を進める方法**です。

例えば、全社の会議で総務担当がゴミの削減を訴えるとします。普通にやれば「最近、当社が出すゴミがすごく多くなっており、経費も相当かかっています。ゴミの削減にご協力お願いします」という感じになるでしょう。しかし、これでは、聞き手の反応はぼんやりしたものになってしまいます。

これを疑問↓解決型にすると、「当社が1ヵ月に出すゴミの量を、山手線の車両に換算すると、何両分になると思いますか？」とまず問いかけます。間を置いてから、「実は11両以上の量になっています。山手線は通常11両編成ですから、1本の電車丸ごと当社のゴミで埋まってしまうほどの量なのです」と進行すると、訴えていることが強調されます。

さらに「それだけの量を処分するコストはいくらになるでしょう」と問いかけた後

に、答えを伝えてコストの大きさを訴えます。その上で、削減への協力を求めれば、共感を得られやすくなります。

疑問→解決型の進行では、数字で問いかけるのが効果的です。もし、先の例で数字を述べるのではなく「当社は、あるものに換算すると11個分のゴミを出しています。その『あるもの』とはなんでしょう？」と聞いても、想像がつきにくいため考えるのを諦めてしまう人が出ます。

数字ならば、答えを考えやすいですし、量をイメージしやすくなります。

疑問を投げかけた後には、必ず間をとります。聴衆に考える時間を提供するためです。実際には5秒程度あれば十分でしょう。

この際、誰かを指名して答えてもらう方法もありますが、時間がかかりますし、もし「山手線20両ぐらい」と、多い量を答えられると、実際の11両という答えのインパクトがなくなってしまうので、自問自答型のほうが安全です。

説明や発表、プレゼンは一方通行になりやすいもの。そこに疑問→解決型の進行を入れることで、疑似的に双方向、2WAY型にしていくことができます。**聴衆は話に参加している気分になり、引き込まれていくわけです。**

　また、特に大勢に向けて話す際にアガリやすい人がこの方法を使うと、アガリが軽減されます。アガるのは聴衆の視線が痛いからです。問いかけると、聞き手は話し手から視線を切って考えます。あてられたくないという心理から目をそらす人もいます。そうして、視線の圧力が弱まり、話しやすくなるのです。問いかけた後、間を置く際、チラっと手元のメモを見て、これから話す内容を確認することもできます。前項のアガリ防止法に加え、こちらもあわせてやってみてください。

［ポイント］数字で問いかけると効果的

未来の姿　自分の話に引き込めるようになる

CASE 26

ピンチ

プレゼンで聴衆が寝てしまう!!

パワーポイントを使ってプレゼンをすると聞き手が居眠りしてしまう。どうにかして避けられないのか……

逆転ワザ

キーワードで、視線を送る

スライドを掲示して効果的に話す方法

昼食後の午後イチのプレゼン。部屋を暗めにしてパワーポイントを使って話しはじめる。当然、聴衆は眠くなってしまいます。状況としては最悪ですが、こんな場面でも聞き手を寝かさない方法を紹介します。

まず、**部屋は極力明るめにしましょう。**プロジェクターの輝《き》度が１０００*ルーメン以上あれば、電気はつけたままでもスライドは見ることができます。念のため、掲示内容がよく見えるよう、スライドは白地に黒い太文字を使いましょう。

そして、15分に一度はスライドを「**ブラックアウト**」して非表示にします。ブラックアウトは、スライドショーを非表示にすることです。キーボードの「B」を押します。経験上、聴衆が集中してスライドを見続けられるのは、15分が限度だからです。

スライドを非表示にしたら、質疑応答をしたり、事例を言葉だけで伝えるなど、気分転換になるような時間帯を作ります。

その後、再度「B」を押せばスライドは元通りに表示されますので続きをやります。

これだけでも効果はありますが、次の２つのことを加えると効果は倍増します。

＊ルーメンとは……明るさを示す単位

効果①：ひとつは、前項の疑問→解決型の進行を組み込むこと。現在のスライドを説明し終わったところで、「では、どうやって解決するか？」と疑問を振ってから次のスライドを掲示する方法です。

私は、この方法を「**予告型の進行**」と呼んでいます。「いくらかかるのか？」と言ってからコスト試算のスライドを出す、「いつできるのか？」と言ってからスケジュールを出すなど、さまざまな場面で予告型の進行は活用できます。

この方法は聴衆の集中力を増す他に、視線をこちらに引き寄せる効果があります。手元の資料ばかり見ている聴衆を、スライドやプレゼンターに注目させることができるのです。

効果②：もうひとつの方法は、聴衆に視線を送る「アイコンタクト」を行うことです。スライドや手元のパソコンを見て話していると聴衆の集中力は落ちやすくなります。とはいえ、プレゼンの内容をすべて暗記するのは困難です。だから、アイコンタクトをして話すのは、キーワードだけでかまいません。

キーワードは、数字と固有名詞です。これを、聴衆に向けて話します。そうすると、プレゼンターの信頼感が高まります。聴衆が「**この人はすべて内容が頭に入ってい**

る」と感じるからです。

そのために、数字や固有名詞を指しつつ自分も掲示したスライドを見て数字や固有名詞を覚え、頭に残っているうちに前を向いて話します。例えば、スライドを指し、数字を覚え、前を向いて「前年比113・4％のアップです」というように、誰かひとりに言い切ります。

これらの方法を組み合わせて使うことで、不利な環境でも力強く聴衆を引っ張っていけるプレゼンができるようになります。

【ポイント】

予告型の進行＆数字と固有名詞は聴衆の目を見て話す

未来の姿

聴衆を飽きさせない話し手に！

[CASE 27]

ピンチ

頭が真っ白になってしまった!!!!

説明やプレゼン、スピーチをしていたら、次に話すことを忘れてしまい、立ち往生……

逆転ワザ

「どこまで話しましたっけ」と聞いてみる

先を思い出そうとしても出てこない

次に話すことが思い出せないという、頭が真っ白な状態は、話し手にとって大ピンチ。その場面は、往々にして調子よく話していた次の瞬間に訪れます。アドリブなど脱線して話しているうちに道に迷ってしまうのです。

沈黙が続けば不自然になりますし、焦れば焦るほど思い出せなくなります。

そんな時、やってみるとよいことは、**「今何を話していたか」を思い出す**ということです。道に迷った時は、途中まで戻ったほうが安全です。そのまま進むとますます深みにはまります。

話も同じで、頭が真っ白な状態で先を思い出そうとしても何も出てきません。**今、何を話したかを思い出せれば、その先が思い出しやすくなります。**

思い出すための時間稼ぎとして「**どこまで話したんでしたっけ**」とか「**何の話をしてたんでしたっけ**」と聴衆に聞いてみることは有効です。こう言うと、たいてい場の雰囲気はなごみます。自分もリラックスでき思い出しやすくなります。

実は、講師業をやっている私も、よく次に話すことを忘れ、このフレーズを口にします。不思議なことに、それを聞いた聴衆は心配するどころか**「余裕がある」ととらえるようです**。

時には「今は、この話をしていました」と教えてくれる親切な聴衆もいます。その場合は「そうでした。ありがとうございます」と笑顔で言えば、聞き手との一体感も生まれます。話す内容を忘れた状態は、このように逆転できます。

ただ、話すことを忘れてしまうのはできれば避けたいもの。そのためには、話すことを**「自分が覚えやすい内容にしておくこと」**が有効です。例えば、聴衆に商品のメリットを話す際、2つに絞っておくとよいでしょう。3つになると、ひとつが思い出せなくなることはよくあります。

どうしても3つ以上になる時には、語呂合わせのようにして覚えておく手もあります。例えば、上司の部下に対する役割として命令、解説、援助の3つを説明する時、「命《めい》・解《かい》・援《えん》と言います」と先に話しておけば、最後のひとつを忘れても「援」という断片から「援助」が思い出せます。

自分が覚えやすい内容にしておくことは、聞き手にも覚えやすくなるという効果があるのです。
なお、忘れるのを怖がって原稿を作り、それを棒読みするのはよくありません。聞き手は「読み上げるなら、その原稿を配って終わりにしてよ」という気持ちになります。アイコンタクトもできなくなり、よいことはありません。
心配ならば、キーワードだけメモしておき、話している最中は見ず、万一忘れてしまった時だけチラっと見るようにしましょう。

【ポイント】

今話していたことを思い出すために、聴衆に聞いてみる

未来の姿

手ぶらで何時間でも話せるようになる

CASE 28

ピンチ

即答が苦手……！

プレゼンの質疑応答や、会議で急に意見を求められた時にうまく対応できないといった状況でどうするか

逆転ワザ

「私」からはじめよ

アドリブスキルの高め方

プレゼン研修の受講者の中には、予定した内容を話すのは上手なのに、質疑応答になるとボロボロになってしまう人がいます。**アドリブが苦手**なわけです。

そんな人たちのために、アドリブトークの練習をしています。例えば「虹」「本」「仕事」など次々にお題を出して30秒のショートスピーチをしてもらうのです。

はじめにノーヒントでやってもらうと、たいてい話はグダグダになります。虹というテーマに対して「虹は最近見ていないのですが。えーと、虹ってたしか7色でしたよね」という感じです。

次に、ヒントをひとつ提供します。それは「**テーマを繰り返し、間を置いてから話す**」ことです。これで1~2秒考える時間ができます。やってもらうと「本……最近読んだ本の中でよかったのは○○です。内容は……」と少しまとまってきます。

そして、もうひとつのヒントは「『**私**』**から話しはじめる**」ことです。テーマを繰り返して間をとった後で、「私」から話しはじめてもらいます。そうすると、話のインパクトが一気に強くなります。例えば、「仕事。私にとって仕事は家族を守っていくものです」というように。

「私」から話すということは、**テーマと自分を一体化させる効果があります**。例えば、先ほどの「虹」の話も「私にとって一番印象に残っている虹は、部活の引退試合の日に見た虹です」というように、テーマと自分を結びつけて話すことで、ネタを引き出しやすくなります。

「私」から話しはじめるには、腹をくくらなくてはなりません。そのぶん、話し手のホンネがストレートに出てくるようになり、メッセージに力が宿り、他者の気持ちを動かすことができるようになります。

この練習をしてからプレゼンをしてもらうと、質疑応答もうまくなります。そして、その効果は、即答が苦手な人ほど大きくなるのです。

アドリブのスキルが上がると、人前で意見を求められた時にも、しっかり発言できるようになります。

意見を言う際、「結論から言う」ことがポイントでした（CASE18・86ページ）。それに、『私』から話しはじめる」を加えるとさらに強力になります。

前出のノー残業デーはいつがいいか、という例でも「ノー残業デーの曜日ですね」

と繰り返して考える時間を稼ぎ「私は水曜がいいと思います」というように結論から述べます。

この**「私」という言葉には、場を支配する力があります。**これは、聞き手が本能的に次に重要なメッセージがくることを察知するからです。

大勢の前で意見を求められた時、「私は」から話をはじめてみてください。その瞬間、その場にいる人は顔を上げてあなたを見るでしょう。誰もがあなたの次の言葉を待つ。あなたが場の支配者です。

【ポイント】テーマと自分を一体化させる

未来の姿　場を支配できる人になる!

第4章

上司対応の逆転ワザ

CASE 29

ピンチ

仕事を任せてもらえない

上司が自分の仕事にやたらと口を出してくる現状から、
どうしたら抜け出せるか

逆転ワザ

聞かれる前に「ホウレンソウ」

上司は部下が何をしているのかわからない

受けた仕事について、納期前に上司から口を出されるのは気分のよいものではありません。例えば、月曜日に「今週中に企画書を作成する」という仕事を受け、木曜日あたりに作業しようとスケジューリングしているにも関わらず、水曜日に「あれどうなった?」と聞かれる。

「**納期までにはやるから心配しないでほしい**」と思う瞬間です。そして、部下の皆さんは「任せてくれる上司ならいいのに」と思うでしょう。でも、これは仕方がないこと。以前と違って、今はパソコンの中で仕事が完結してしまう場合が多く、**上司は部下を見ているだけでは、動きがつかめない**のです。

とはいえ、いちいち聞かれるのはストレスになります。可能な限り、任せてもらえる方法を考えましょう。

効果が見込めるのが**報告**です。「今週中に」と言われている企画書作成の仕事について、水曜日頃に「企画書の件、順調に進んでいます」とひとこと中間報告をするだけで「どうなってる?」と聞かれることはなくなります。

この他にも、「任されていない」と思う瞬間があります。例えば、自分が担当している顧客との折衝に関し、どのようにしているか上司が細かく聞いてくる場合です。

これは、上司が「**状況を知りたいだけ**」というケースと、「**折衝の仕方について指示を出したい**」ケースに分けられます。

単に状況を知りたいだけのケースならば、先手を打ってこちらから報告をすれば済みます。そうすれば聞かれて答えるよりストレスは少なくできます。この場合、タイミングは重要です。上司が気にするタイミングを考えてみましょう。

例えば、管理職の会議の2～3日前に、上司は部下や動いている案件の状況を聞きたくなります。会議で部の動きを報告しなくてはならないからです。

また、上司が同僚に仕事の動きを尋ねている時、次は自分も聞かれる可能性があります。その時、上司の気持ちは状況把握に向いているからです。この他にも、金曜日に状況をチェックする上司もおり、そのような上司の習慣を知っておくと、ジャストタイミングで報告できるようになります。

一方、「折衝の仕方について指示を出したい」ケースでは、報告より相談が向いています。**相談とは困った時に助けを求めることではなく、必要な時に上司を意思決定**

に参加させるものです。適切なタイミングで上司の意見を聞きましょう。

そうすれば上司は「こちらから問いかけなくても、判断が必要な場合は向こうから相談してくる」と考え、「どうなっているのか」といちいち聞いてこなくなります。

仕事ができるようになれば任せてもらえるようになる、というのは一理ありますが、それだけでは任せてもらえません。

仕事の腕前を上げるとともに、報告と相談をうまく活用して、任せてもらえるようになりましょう。


【ポイント】

進捗を気にする上司にはタイミングよく報告、指示したがる上司には相談を

未来の姿

信頼され任せてもらえるようになる

CASE 30

ピンチ

提案が通らない！

いくら提案しても、自分の案に対し、上司は納得せず、却下されてしまうのに耐えられない

逆転ワザ

選択肢を示す

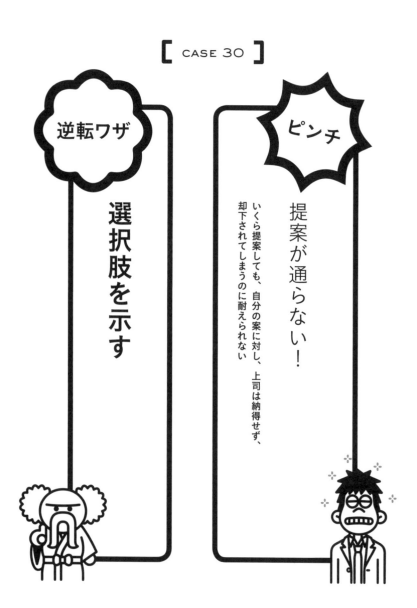

否定から入る上司

自分の提案や企画がことごとく却下される状況はツラいものです。却下されなくても、指示通り直しているうちに、自分の提案とはかけ離れたものになっていくという悲しい状況もあります。

どうしたら自分の提案が通るのか、悩んでいる人は結構います。とはいっても、**自分の提案が修正なしで通るのは、なかなか難しいもの**です。

上司の心理として「仕事をしなくては」というものがあります。提案を簡単に通してしまうと、やるべき仕事をしていない気になるのです。だから何らかのチェックを入れたがります。部下からすると迷惑な話ですが、それが上司というもの。

ただ、たとえ直しが入るにしてもできるだけ少なく済ませる方法はあります。

テーマが異なっても、上司が聞きたいことは共通しています。それは**「やりたいことは何か」「やるとどんな効果が生まれるのか」「どうやってやるのか」**の3つです。

その3点で納得がいかないと、どんなに詳細な提案書を作っても通りません。

そこで、工数をかけてまとめる前に、**相談という形で話し、事前に承認をもらって**

おくという方法があります。上司と話しながら、口頭で骨格を作ってしまうのです。

そうして了解を得てから肉づけ、つまり本格的な提案書作成作業に入れば、却下や大幅直しのリスクは低減します。

口頭で骨格を作る段階でも、できるだけ自分の考えを通したいもの。ここで、もうひとつ作戦があります。**「やるとどんな効果が生まれるのか」「どうやってやるのか」**の2つについて、あらかじめ選択肢を作っておくのです。

例えば、やりやすいが効果が少し小さいもの、やりにくいが効果が大きいものというように準備して、上司にどちらかを選ばせます。もちろん、**どちらの案が採択されても、自分としては納得できるものにしておきます。**

こうすれば、事前の相談段階で、自分の望む方向で骨格を作ることができるようになるのです。

たまには「事前に上司に相談せず、自分が納得いくものを作ってから、出たとこ勝負で通ることにかける」という方法をとってみてもよいのですが、それは時間に相当余裕がある時にしかできません。

忙しい中で、提案を通そうとするなら、選択肢のある事前相談を経たほうが、時間を有効に使えます。
なお、事前の打ち合わせをしても、修正を多く指示してくる上司もいます。打ち合わせの時の内容を忘れてしまい、ゼロベースでチェックしてしまうのです。
そういう上司に対して、修正を抑制するには、**事前打ち合わせをしたらすぐに、確認のメールを送っておくことが有効**です。そして、提案書を提出する時に、その内容を添付します。こうしてリスクを回避します。

【ポイント】

選択肢つきの事前相談で提案の骨格は作ってしまう

未来の姿

たいていの提案が通るようになる

CASE 31

ピンチ

「何が言いたいの？」と言われる

部下が言われて困る上司のセリフのひとつ。
どうやら言いたいことが伝わっていないようだ……

逆転ワザ

やっぱり、「結論」から！

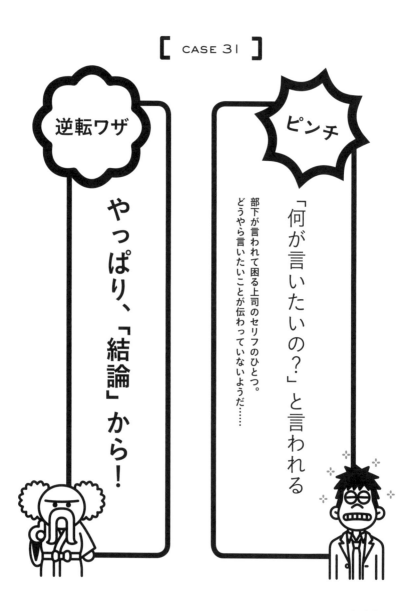

言っていることはわかっている

「上司から**『何が言いたいのかわからない』**と苦情を言われます」という人は結構います。似たようなセリフに**「何を言っているのかわからない」**というものもありますが、この2つのセリフの意味することは、かなり違います。

「何を言っているのかわからない」は、言っていることの意味がわからないということ。日本語として通じていないということです。

これに対し、「何が言いたいのかわからない」は、言葉の意味は理解できているので、少しはマシです。

言葉の意味は理解できていながら、不満を持つのは、**上司が想定する「ゴール」のセリフがないから**です。上司は「**結局どうしたいのか**」という話があるはずだと想定し聞いています。

例えば、部門のサーバーの保守を担当する部下が、「サーバーの容量がだいぶ少なくなっていて、あと50ギガバイトしかありません。この調子でいくと来月には一杯になってしまうかもしれません。大きなデータが入ったら、もっと早く一杯になる可能性があります」と言ったとします。

ここまで聞いた上司が、想定するゴールは「**だから増設したい**」といった話です。ところが、部下の話はその前で終わってしまいました。

こういう状況になると、上司は「**で?**」と言うでしょう。これが「君の話は何が言いたいのかわからない」と言われる状況です。

このようになってしまうのは、部下が「現状を伝えたら、どうするかを考えるのは上司の役目だ」と思っていて、上司も「どうしたいか、部下が言ってくるもの」と考えている場合です。両者の間に真空地帯が生まれているわけです。

この隔たりは、**部下が埋めるしかありません**。仮に部下が「どうしましょう」という質問を加えれば、何が言いたいかわからない状況ではなくなります。「判断がほしい」と言っているのと同じことだからです。

ただ、それでは物足りないと思われてしまいます。上司が求める話し方は「サーバー容量が50ギガバイトを切り、残り少なくなっているのでハードディスクを増設したいのですがいかがでしょう。3テラバイトのものが3万円程度で購入できます。それだければ、2年は大丈夫だと思います」というようなものです。

このように話せば、上司の期待通りになります。**判断材料を提示した上で、判断を求める**ということです。さらに上司が判断しやすいのは、選択肢があるものです。

例えば、「サーバーを増設するという選択肢、多少不便にはなりますが、3年以上前のデータを圧縮するという選択肢もあります」と言い、両案のメリット・デメリットを提示して、「どちらがいいですか」というようにします。

そうすれば、「何が言いたいのかわからない」とは言われなくなります。

【ポイント】

上司に話を持っていく時は、判断材料をつける

未来の姿

目的のはっきりした話し方ができる

CASE 32

ピンチ

相談してもしなくても注意される

自分で判断すると「なぜ相談しなかった」と言われ、相談すると「少しは自分で考えろ」と言われる。じゃあどうしたらいい？

逆転ワザ

提案つき相談を

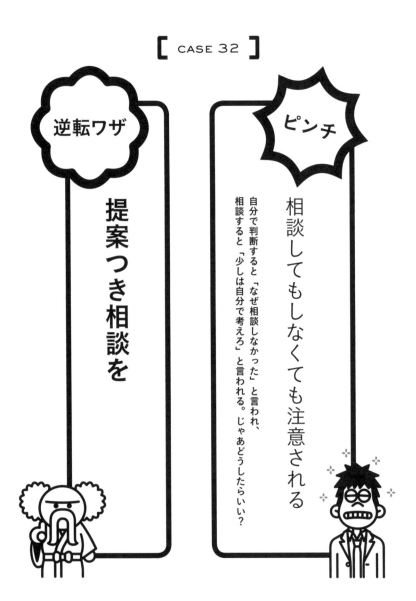

すれ違いばかりのホウレンソウ

ホウレンソウ関連の公開セミナーでよく質問されるのが、「上司は相談しないと**『なんで事前に相談しないんだ』**と私を責めます。でも、相談すると**『そんなこといちいち聞くな』**と言います。私はどうしたらよいのでしょう」という内容です。

いずれにしても文句を言われるこの状況は、絶対勝てない後出しジャンケンをされているのに等しい状況で、苦しいものです。

一見すると、上司が言っていることは矛盾しているようですが、実は上司の中ではそうではないのです。

「なんで事前に相談しないんだ」という言葉が出るケースは、たいてい悪い結果が出た後。上司の気持ちは「**相談してくれればもっとよい結果になったかもしれないのに**」というものです。

「いちいち聞くな」という言葉が出るケースは、結果にあまり関心がない時。上司の気持ちは「**答えを考えるのが面倒**」というものです。

単純に言えば、職場全体の実績に影響が大きいと意思決定に関与したくなり相談を求め、職場の実績に影響が少なければ答えを考える手間を省こうとして、「いちいち聞くな」となるわけです。

だから、こちらは**業績への影響度**で相談するか否かを決めればよいのです。

ここで、業績影響度を大、中、小と分けてみます。大ならば迷うことなく相談です。それに対し、上司がいちいち聞くなということはないでしょう。業績に影響が出る案件について、相談をしてくる部下を上司は信頼します。

一方で、業績に影響がほとんどないような話は自分で判断してもよいのです。

問題は、中ぐらいの影響度の案件です。実は、そういうケースが一番多く、**相談すべきか否か、迷う場面が多くなるはず**です。これに対しては、**提案つきの相談が有効**です。

提案つきの相談をすれば、相談しなかった場合のリスクを回避しつつ、上司が相談されたことに対して答えを考える手間を少なくできます。これをやれば「なぜ相談しなかったのか」とも「いちいち聞くな」とも言われなくなります。

例えば、クレームの対処について相談をする際に「配送費をサービスにして収めようと思うのですがどうでしょう」というように、自分なりの案をつけるのです。

さらに、選択肢にして「配送費をサービスにして収める案と、これから納品する付属品を無料にする案を考えたのですが、どちらがよいでしょう」と相談すれば、上司は選ぶことができ、より意思決定しやすくなります。

この自分案つきの相談は、影響度が中ぐらいの相談はもちろんのこと、影響度が大の相談でも行うとよいものです。

業績への影響の大きい案件から、早速、自分案つきの相談をしてみましょう。

【ポイント】
影響度が「中」くらいの案件なら自分案つきの相談を

未来の姿

ホウレンソウが円滑になる

CASE 33

ピンチ

いつも厳しい条件を飲まされる……

上司からの指示を受ける際、厳しい納期を飲まされてしまう。そんな状況をどうするか

逆転ワザ

こちらが先に条件を言う

受け身が招く苦境

上司から仕事の依頼を受ける時、いつも厳しい条件を飲まされてしまうのはツライもの。よくあるのが、ギリギリの納期を設定されてしまうケース。今の世の中、どんな仕事でも納期に余裕があることは少ないのですが、**いつも必ず厳しい納期になってしまうのは、部下の側にも原因があります。**

いつも厳しい納期を飲まされている人の会話パターンは、とてもよく似ています。上司から新たな仕事を依頼された際、自ら「この仕事は、いつまでにやればいいのですか？」と聞くのです。

そこで言われる納期は、「明日まで」など、たいてい厳しいもの。そうなると、「明後日まででではダメですか」とわずかに抵抗するしか道はなく、抵抗したとしても押し切られることが多くなります。仮に上司が納期に関して譲歩したとしても「しょうがないな」という表情になり、部下は「すみません」という表情になる。

どちらにしても、部下に不利な状況です。どうしてこうなるのでしょう。

考えてみると、部下の言った「**いつまでにやればいいですか？**」というセリフが、この状況を招いていることがわかります。

「いつまでに」と質問をした瞬間に、主導権は上司に握られてしまいます。その状況で交渉していては部下が不利なのです。

そうならないためには、セリフを変える必要があります。「いつまでにやればいいですか？」というセリフを、「**明後日まででよければできますが、どうでしょう**」に変えます。条件をこちらから出すのです。

それが、上司の許容範囲ならあっさりと「いいよ」と言われるでしょう。上司が明日中にやってほしい場合は、「そこをなんとか」と低姿勢になるでしょう。言い方次第で、状況はずいぶん変えられるのです。

「いつまでにやればいいですか？」と受身でいると、状況は不利になります。条件を先に言って、主導権は自分が握ったほうがよいということです。

ただ、いつもこの方法を使っていると、上司が「何様なんだ！」と思ってしまう可能性はあります。「いつまで？」と聞いて、なんとか合わせるというパターンも、適度に残しておくとよいでしょう。

上司対応は、ある意味ゲーム。負け続けるのはイヤですが、勝ち続けるのもよくありません。**勝ち負け五分五分ぐらいが上出来とも言えます**。これは、上司だけでなく顧客との関係にも言えます。長くよい付き合いをするならば、勝ったり負けたりがちょうどいいのです。

【ポイント】勝ち負け「五分五分」が理想

未来の姿

ビジネス交渉で有利に立てる

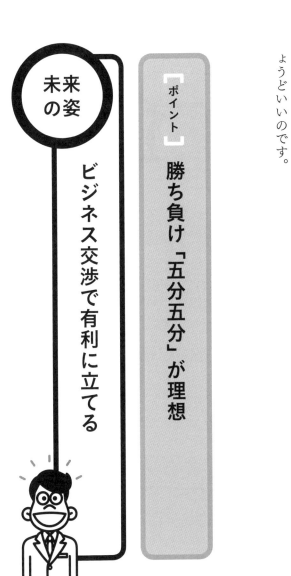

CASE 34

ピンチ

自分のせいじゃないのに……！

よくない報告をすると、自分のせいではないのに、
上司から責められてしまう

逆転ワザ

まず、非を認めるコメントを

言い訳ととられるワケ

自分のせいではないトラブルの報告をする際、上司は自分のせいでないことをわかってくれない。話しているうちに「きみのせいじゃないか」と責められているような気がしてくる。割に合わないことです。ただ、案外こういうケースは、部下の側が招いていることが多いのです。

クレーム、ミス、トラブルなどあまりよくない報告をする際、**多くの人は状況説明から入ります**。その中で、自分以外の原因を述べて「自分はやるべきことをやっており、トラブルは自分にとって不可抗力であった」という布石を打っていくわけです。

しかし、この話し方は上司がイヤがるもの。

イヤがるのは、前述もした通り、いつまでも結論がわからない話し方になるからです（CASE31・142ページ）。前提の話を長く聞いているうちにフラストレーションが溜まり、そうすると、矛先《ほこさき》は報告をしている人に向きがちになります。

単純な例を挙げます。顧客に商品を発送する担当者が、発送先を間違えたとします。原因は、営業マンが書いた書類の数字が読みとりにくかったことにありました。

「〇〇産業への商品発送の件で報告があります。担当は営業の高橋さんなのですが、いつも彼の伝票は字が汚く、読みとりにくくて困っています。何度注意しても、なかなか直してくれません。特に困るのが、数字で1と7、3と8が判別しにくいのです。いちいち確認していては納期遅れを招きますし、確認すると迷惑そうにするため、なんとか読むしかありません」。

この時点で、上司はイライラしています。「**いったい何の話なのか？**」と。そこに、「今回も書類の字が判別しにくく、誤った住所に商品をお送りしてしまい、お客様から苦情を受けています」という、よくない話をすることになります。

上司は、イライラした挙句に、よくない報告を聞かされるので、ますます気分は悪くなります。そうなると、怒りの矛先は、報告した人に向きます。

「そんなに判別しにくかったのか？」「読みとりにくいならば、本人がイヤがっても確認すべきではないか」と言ってくるのです。

このように言われないための方法は、**最初から自分の非を認めてしまうことです**。「**申し訳ありません**。〇〇産業の商品発送の件で、配送先を間違え苦情を受けています。原因は、伝票に記載された住所の読みとりミスです。営業の高橋さんの書いた伝票の文字が判別しにくかったのですが、私も確認すべきでした」というようにします。

このように言うと、話を聞く上司はフラストレーションを溜めることはなく、詫びもすでに聞いているためストレスは少なくなり「営業マンの中には、伝票を殴り書きで書く人もいるからね」と**同情してくれる可能性**も出てきます。

自分は悪くないと言うほど責められ、非を認めると責められない。不思議なことですが、それが実態です。さっさと自分の非を認め、詫びてしまったほうがよいのです。


【ポイント】

クレーム等の報告では、自分が悪くなくても、部分的に非を認める

未来の姿

悪い報告もスムーズに

CASE 35

ピンチ

ミスして上司の信頼を失った!!

ミスをしたり、大きなクレームを起こしてしまったり、トラブルの対応がうまくいかなかった時、どうするか

逆転ワザ

ひたすら「もう一度!」と訴える

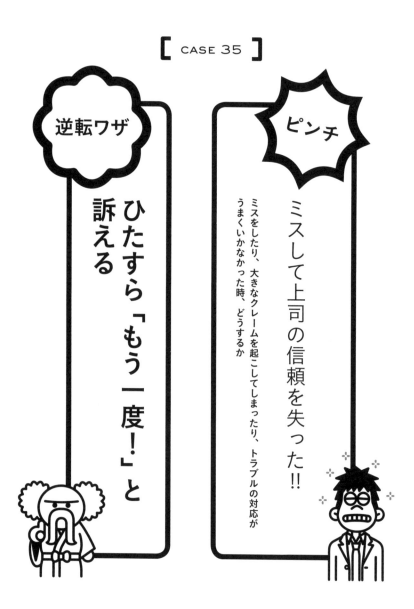

マイナス事象にチャンスあり

一生懸命やっていてもミスはあります。また、任される仕事のレベルが上がってくれば、起こしたクレームが職場に与える影響も大きくなり、さらには、重要な仕事の受注に失敗するなど、職場の業績予測を狂わしてしまうことも起こります。

影響が大きくなると、そういう事態を招いた自分を責めたり、後悔したりと、気分が落ち込む幅も大きくなるものです。

しかし、**いつまでも落ち込んではいられません**。なるべく早く、ミスはリカバーし、クレームは収束させ次の仕事に取り組まなければなりません。

そして、もうひとつやることがあります。それは、**失地回復**です。ミスやクレームで職場に影響を及ぼしてしまったような場合、周囲からの信頼が低下する可能性があります。

中でも、上司に向けた失地回復活動には、重点を置くべきです。上司からの信頼を失ってしまうと、本来もらえたはずのチャンスがもらえなくなってしまうこともあります。

失地回復の手順は、詫びと依頼です。先に詫びます。**詫びは「①詫びの言葉」「②原因」「③再発防止策」の順で話します。**

例えば、重要な仕事の受注に失敗してしまったような場合は「今回の件、申し訳ありません。原因は私が油断したことにあります。先方から内諾をいただいてから、契約までに間を空けてしまったことで、競合が入り込む余地を作ってしまいました。今後は、内諾をいただいたら1週間以内に契約に持ち込むようにします」というように述べます。

この際、**言い訳ととられそうなことは言わないほうが得策**です。たとえ、「契約書に社判を押してもらおうとしたら、役員が出張していて時間がかかった」ということがあったとしても、言ったところで言い訳としかとられません。潔く、自分に原因があったというようにします。

そして、最後は依頼します。「取り返したいので、引き続き担当させてほしい」ということです。

上司は、こういうことを言ってくる部下には、チャンスを与えたくなります。そして、応援する気持ちが生まれてきます。

このような状況で、次のチャンスをきちんとものにすれば、上司からの信頼は以前よりも厚くなるでしょう。
営業の仕事でよくあるのが、クレームになって、その対応をしっかりした結果、顧客との関係が深まって、ビジネスが拡大するケースです。これも上司からの信頼が厚くなるのと同じこと。
災い転じて福となすことができるのです。

【ポイント】

ミス、クレーム、失敗には詫びに加え
チャンスをもらえるよう依頼する

未来の姿

どんな出来事も前向きにとらえられる

CASE 36

ピンチ

上司に怒られた……

上司に怒られると自分が落ち込むだけでなく、上司との関係が気まずくなる。そんな時はどうするか

逆転ワザ

最後に、「ありがとうございました！」

職場から減りつつある叱り

管理職研修で参加者に聞いてみると、7割の上司は「あまり叱らない」と言います。理由を聞くと、「叱ると気まずくなるから」「逆ギレされたくない」「部下が落ち込んでしまい、しばらく仕事の効率が落ちるから」などが挙がります。

これに加え、各社でパワハラ防止のための啓蒙を行っていることもあり、**管理職は叱るのを躊躇する状況になっています。**

部下の側も、親にも学校の先生にも、あまり叱られた経験がなく、叱られることに慣れていない人が増えています。

こういう状況ですから、職場から叱りが減りつつあります。そのぶん、**部下は叱られた時のショックが大きくなっているようです。**上司からすると、叱ったというほどではなく、注意したという程度でも、部下側はかなり落ち込むことも少なからず。

部下の皆さんも、叱られたくはないでしょう。叱られて嬉しいという人は少数派。できれば叱られずに日々を送りたいものです。しかし、まったく叱られない会社員生活というのも考えにくいもの。だから叱られ術のようなものは身につけておいたほうがよいのです。

実は、上司も注意した後に、後悔することがよくあります。「言い過ぎたかな」「もっと違う言い方があったのではないか」などです。

だから、部下が叱られ上手だと、助かります。

では、どうすれば叱られ上手になれるのか。ポイントは、最後のひとことです。

例えば、上司が部下を呼び、「この書類、重要な部分に計算ミスがあった。最近、単純ミスが多いぞ、しっかりしてくれ」と強い調子で言ったとします。このような場合、注意された部下が、最後に言う言葉は「すみませんでした」あるいは、「以後、気をつけます」というもの。もちろん、これは悪くありません。ただ、このままでは、空気は重たく、暗いままになってしまいます。

ここで、叱られ上手の部下は最後に「**ありがとうございます**」と言います。これだけで空気は一気に変わります。

この言葉を部下が言ってくれると、上司は叱ったにも関わらず、さわやかな気持ちになれます。**「言ってよかった」「わかってくれた」**という実感も得られます。叱った部下に対して、好感を持つこともあるほどです。

耳の痛い忠告をしてくれる先輩に対しても同様です。忠告してくれたら最後に「ありがとうございます」と言いましょう。そういう後輩に対し、先輩は親身になってくれるものです。

「ありがとうございます」と言うと、部下側もショックが和らぐ効果があります。お互いに気分よくなれるということ。

今は、叱られるのがうまくない部下が多い時代です。だからこそ、叱られ上手は得をするのです。

【ポイント】叱ってくれたことへの感謝も述べる

未来の姿 叱られ上手で、周囲から可愛がられる

第5章

評価
アップの
逆転ワザ

[CASE 37]

ピンチ

ゴマすりをしないから評価が低い

上司にゴマをする同僚が評価され、ゴマをすらない自分は評価されない……。どうにも納得できない

逆転ワザ

正しくゴマをする

ゴマすりはホントに効くのか？

研修にくる若手、中堅社員の皆さんから「私はゴマをすらないので評価が低いんです」というお話をよく聞きます。ゴマをすって評価されている（らしい）人に、少々羨望を感じつつも、自分は決してやりたくないと思っているようです。

そんな人に、**私は「ゴマはすりましょう」とお勧めしています。**

ゴマすりというと、上司とゴルフに行って、たいしてよくもない普通のショットに「ナイスショット！　さすがです！　今のショット、プロ並みです」と揉み手で言う……というイメージでしょう。でも、そんなことをする必要はありません。

実際のところ、ゴマすりが評価に直結するわけではありません。

直属の上司に好かれて、多少評価に手心が加わったとしても、人事考課は二次考課もあります。例えば課長が、ひいきしている部下に不自然にいい点をつければ、その上の部長から「どういうことなのか」と説明を求められます。課長も、いいかげんな評価をしていると思われると、自分の評価が落ちますから、ごひいきの部下の点を甘くするなど、簡単にできるものではないのです。

そう考えると、ゴマすりの効果は極めて限定的です。それなのに私がゴマすりを勧める理由は、自分の仕事に影響を及ぼす人（上司に限らず）を、いい気分にさせたほうが仕事がしやすいからです。

「**自分の仕事に影響を及ぼす人をいい気分にさせる**」と表現すると、ゴマすりとは少し違うイメージになるでしょう。私がお勧めしているのはこれです。

例えば、上司は人事異動にも少なからず影響力を持っているもの。評価に直結しなくても、良好な関係を築いておけば、異動の話が出た時に、援護してくれる可能性があります。

職場の同僚、スタッフ、他部署の人々は、いざという時に力を貸してくれます。そういう人たちを気分よくさせる活動は、自分の仕事環境を作ることにつながるのです。

では次に、気分をよくさせる言い方を考えましょう。これには注意が必要です。言い方によっては、逆効果になってしまうことがあるからです。

例えば上司に「課長は仕事が速いですね」と言ったら、上司は「なぜ私がきみに評価されなくてはならないのか」と気を悪くする可能性があります。**上からものを言われているように感じる**のです。

一番安全なのは、相手ではなく自分を主語に話すことです。「私は課長の仕事のスピードの速さを目標にしています」と言えば、評価のニュアンスが消えます。上司にはたいてい見習うべきポイントがあるはずです。それを目標にしていると言えば、悪い気はしません。

また、**「(私は)いつも助けてもらって感謝しています」**というコメントも効果的です。これらのコメントは、先輩、他部署の人々にも使えます。

周囲の人々を気分よくさせてみましょう。仕事がしやすくなります。

【ポイント】

「私」を主語にして、相手を気分よくさせるコメントを

未来の姿

いざという時、まわりが力を貸してくれる

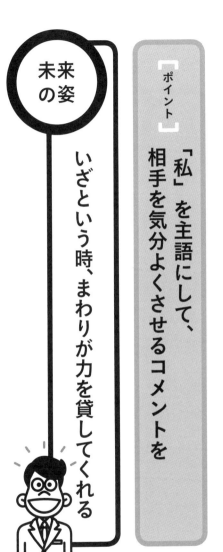

CASE 38

ピンチ

頑張ってるのに評価が低い

残業や休日出勤までして必死に頑張っているのに、評価が低いのはナゼ？

逆転ワザ

「しかける仕事」に注力

流した汗で評価されるわけではない

毎日必死に頑張っているのに評価が低い。そんな状況の中で「やってられない」と思ったとしても仕方ありません。

ただ、気持ちはわかりますが、ここは冷静に考えてみましょう。

仕事のレベルは3段階あります。「こなす」「さばく」「しかける」です。

「こなす」仕事は、大量の伝票をチェックする、データを入力するといったように、量を処理することが求められるもので、いわゆる「**力仕事**」です。

この仕事に対する、上司や会社の評価は低めです。新しい価値を生み出さないからです。必死に頑張っている人は「こなす」仕事を多く抱えている人。必然的に、評価は低めになってしまいます。

一方で、評価が高いのが「しかける」仕事。業務改善提案を立案して実行する、新たなビジネスを展開するなど、**新しい価値を生むもの**です。だから、「こなす」仕事中心から、「しかける」仕事にシフトしていきたいのです。

とはいえ、目の前にある「こなす」仕事をどうするか、という問題は残ります。

「しかける」仕事はしたいが、「こなす」仕事で精一杯で、改善提案や新しいビジネス展開に取り組む余裕がないという状況をどうするかです。

ここで、もうひとつの「さばく」ということが必要になります。これは、すべてを自分でこなすのではなく、**ポイントだけ自分で処理し、後は他の人に振り分ける**ということです。さばくには、外注する、あるいはパート、アルバイトの方などに依頼するのが一般的です。

「しかける」仕事に取り組むには、時間と気持ちの余裕が必要です。それを、「さばく」ことで、生み出そうというわけです。

頑張っているのに評価が低い人は、知らず知らずのうちに、こなす仕事を抱え込んでしまっているもの。いま、手掛けている仕事の中に、「さばく」という進め方ができる仕事がないか、冷静に見てみるとよいでしょう。

そして、「しかける」仕事として取り組むならば、自部門の実績、成果につながるものをターゲットにします。

上司は部下が流した汗の量で評価をしているわけではありません。**上司は、部門の**

実績、成果に貢献した部下を評価します。だから、「しかける」仕事に取り組むならば、自分の部署の成果に直結するような仕事をしたほうがよいのです。

そのためには、あなたの部署にとって重要な成果とは何か、を改めて考えてみる必要があります。そして、その成果に直結するしかける仕事に取り組みます。

こなす仕事中心から、さばく、しかける仕事に軸を移していくことが、レベルアップにつながるのです。

【ポイント】

力仕事ではなく、新しい価値を生み出すことに注力する

未来の姿

正当に評価されるようになる

CASE 39

ピンチ

アピールが苦手

これみよがしのアピールが嫌いなせいで評価されない状況をどうするか

逆転ワザ

日々の報告をプレゼンに

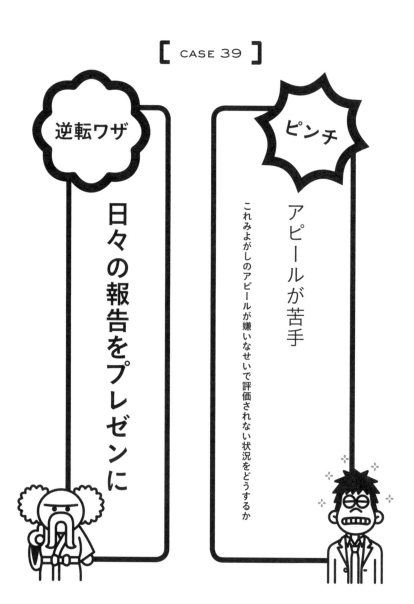

奥ゆかしい日本のビジネスパーソン

日本の企業では上司にアピールするビジネスパーソンは少数派。**与えられた仕事を黙々とやっていれば、いつか、誰かが認めてくれると考える人が多いようです。**しかし、その「いつか」はこず、「誰か」も現れないのが現実。

今の時代、組織はフラット化し、上司は多くの部下を抱え、しかもプレイングマネジャーです。部下のことをよく見られる状況ではありません。だから、きちんとアピールすることが必要なのです。

アピールというと、「あれもこれも私がやりました」と誇大広告をしたり、「私の力で成功させました」と自慢するようなイメージを持つかもしれませんが、そんなことをする必要はありません。

やりたいことは、報告の工夫です。報告時に「終わりました」と言うだけでなく、成果を伝えます。成果を伝える際は「今回、こういう方法を試してみた結果、今までの3分の2ぐらいの時間でできました」というように言います。**自分が工夫したこと、それによって生まれた成果**を伝えるのです。

こういう報告をしないと、ただ漫然とやっただけだと思われてしまいます。

報告する際、単に成果だけだと、たまたまうまくいったようにとられてしまうことがありますので、工夫をした結果、必然的に成果が出たことを理解してもらいます。

成果は、数字で表すのが最も伝わりやすいので、時間や金額など数字で表します。

このように、**工夫と成果を加えれば、淡々と話したとしてもアピールになります。**単純に言えば、日常の報告をプレゼンにしていくということです。

これは、これみよがしのアピールとはまったく違うこと。むしろ、地道な活動です。そして、その集大成が期末に提出する自己申告書です。

かつて、私が企業の管理職をしていた頃、部下の大半は、自己申告書の記述量が少なく、表現も抽象的という傾向がありました。これは、もったいないことです。

本来、管理職は部下の行動記録を残し、それをもとに人事考課をすることになっています。しかし、多くの管理職は記録ではなく記憶に頼って人事考課をしています。これは、よくないことですが、実態です。

管理職は、人事考課のシーズンになると、まずは部下の実績数値を確認します。そして、部下の自己申告書を見て、期中の部下の行動を思い出し、考課表を埋めます。

逆に言えば、自己申告書に書いていなければ、思い出してもらえず、**やらなかったのと同じ扱いになってしまう**かもしれないのです。だからしっかり書きましょう。

自己申告書の書き方も、報告と同じ考え方でいきます。数字で成果を表し、その成果を生み出した自身の工夫を記すのです。

改めて言いますが、大げさなアピールは必要ありません。自分がしてきたことを、正しく評価してもらうための材料として、報告や自己申告にひと手間かけて、きちんとやろうということです。

ポイント

成果を生み出した工夫まで報告する

未来の姿

上手にアピールし正当な評価を得る

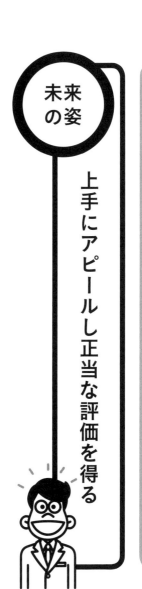

CASE 40

ピンチ

成果が見えにくい仕事なんだ……

間接部門など、成果が数字で表しにくい仕事の場合、評価されにくい傾向の職種に就いている場合、どうしたらいいか

逆転ワザ

成果を「お金」か「時間」に換算する

「数字で表せない」は本当か

前項で「成果は数字で表そう」というお話をしましたが、成果が数字で表しにくい仕事をしている人もいます。この項では、そういう場合にどうすればよいかを考えます。

講師である私の仕事の中に、目標管理に関する研修があります。皆さんの業務目標を持ってきてもらい、それを達成するまでの道筋を作ってもらうものです。

さまざまな企業、職場の皆さんの業務目標を見ると、中には、「効率よくミスのない仕事をする」といったように、目標というより心がけのようなものを書いている人がいます。

その場合、改めて明確なゴールを決めないと次のステップに進めません。ご本人とお話をすると「私の仕事は成果を数字に表しにくいのです」とおっしゃいます。そして、どういう手順で目標を達成するのか聞くと、「効率よくミスなく進めるのは、毎日やることですから手順にするのは無理です」という答えが返ってきます。

典型的なケースなのですが、これでは、**この人が期末の業績考課で高い評価を得る**

ことは困難です。こういう人ほど、真面目にコツコツと仕事をするタイプが多く、私は非常にもったいないと思います。

たしかに、間接部門の皆さんは営業と違い、売上額のような成果指標が挙げにくいでしょう。だからこそ、工夫して数値化したほうがよいのです。

数値化するポイントは金額と時間です。例えば、事務派遣できてくれている人にエクセル表にデータ入力をする仕事をやってもらっているとしましょう。マクロや関数などを使い、入力手順を簡素化して、1日に入力できる量を増やしたとします。

こういう場合、**ビフォー・アフターは、きちんと数字を記録しておきます。**仮に、1日に入力できる量が30％増えたとしましょう。

派遣会社に1日1万円支払っていたら、30％多くやってもらえるということは、3000円分の効果に換算できます。週5日として1万5000円、月間6万円。年間にすれば72万円分の効果を生み出せたわけです。このようにすれば、改善業務の成果は、数字で表せます。

自分の仕事の場合、効率化の結果を自分の年収から換算してもよいのですが、そこまでするのは気が引けるということならば、「30％の効率化」という表現にしてもよいと思います。

成果をわかりやすく伝えるスキルは、これからますます重要になります。将来、あなたがリーダーになったチームが、会社から評価されるには、成果をわかりやすく伝える必要があります。リーダーが、そのスキルを持っているか否かで、チームメンバーの処遇が変わってしまうのです。

今から、意識してそのスキルを身につけておきましょう。

【ポイント】

効果は数値で記録しておく

未来の姿

どんな仕事でも、高い評価を得る

[CASE 41]

ピンチ

「もっと自信を持て」と言われても……

上司からもっと自信を持てと言われるが、どう解釈してよいかわからない。何をしたらよいかもわからない

逆転ワザ

「やります！」と宣言

能力は認めてくれている?

上司の言う「もっと自信を持て」という言葉は解釈が難しいものです。言葉通りにとれば「能力はあるんだから」と言ってくれているように思えます。ただ、純粋に評価してくれている感じはしないので、素直に喜べません。

それもそのはず。上司が言う「もっと自信を持て」という言葉は「弱気過ぎる」「頼りない」と言っているのと同じで、能力を積極的に評価しているわけではないのです。自信を持てという**上司の頭に残っているイメージは「この仕事、できるか?」と聞いた時に尻込みした部下の姿です。**最終的に、引き受けたとしても、最初に「難しいですね」「頑張ってはみますが」と曖昧な返事をしていれば、そこが印象に残るのです。

「もっと自信を持て」と言われる状況を変えるのは簡単です。「できるか?」と聞かれたら「**やります**」と言い切ればいいのです。

ただ、「自信を持て」と言われるタイプの人は慎重な人が多く「できなかったらどうするのか」と考えてしまい、「難しい」「頑張ってはみますが」と言ってしまいます。

しかし、「難しい」という言葉を聞いた上司は「できない」と言われたように感じてしまいます。そうなると、その後、チャンスがもらえなくなる可能性もあります。「難しい」と言う部下は、答えを保留し、考える時間を稼ごうとしているだけなのかもしれません。でも、そのために使うにはリスキーな言葉なのです。

もうひとつの「頑張ってはみますが」という言葉もリスキーです。やる前に、できなかった時の逃げを打っているように聞こえます。部下がその言葉に「全力でやってみますが」というニュアンスを込めていたとしても、それは伝わりません。

だから、「難しい」「頑張ってみる」という言葉を封印し「やります！」と言いたいのです。

そう言って、結果的にできなかった時は責められます。だからといって**「やります、と言わないほうが安全」ということにはなりません。**

「できるだけ頑張ってみますが」と言ったところで、できなければ責められるのは同じこと。できなかった時に「あの時、できるとは言っていません」とは言えないでしょう。

「この仕事できるか？」と言われ、引き受けた時点で、結果責任は負うことになるのです。「やります」と言って潔く受ければ評価はプラス1点。できなければマイナス1点で差引ゼロ。潔く受けなければ、その時点でマイナス1点、できなければさらにマイナスが加算されマイナス2点。

どちらが得かはっきりしています。そして、その積み重ねは大きなものになります。「自信を持て」と言われる状況は、さほど悪くありません。まったく期待できない部下には言わないセリフです。期待されているのですから、潔く「やります」と言って応えていきましょう。

【ポイント】決意を言い切る

未来の姿 頼もしい部下と思われる

CASE 42

ピンチ

目標に届かないかも！

期末が近づき、目標の達成が厳しくなっている状況でどうするか

逆転ワザ

一発逆転仕事に全力を注ぐ

達成率99%では評価されない？

どこの職場にも、いつも達成率90％の善戦マンがいます。管理職としては、大崩れせず90％までくることは評価します。ただ、企業の評価制度で、90％は未達成ということになってしまいます。

99％でも未達成、100％なら達成。1％の違いで天と地ほどの差が出ます。だから、善戦マンは損なのです。

もちろん、毎年100％以上が一番いいのですが、目標値は上がっていきますし、環境変化などもあり、毎年100％以上を続けるのは簡単なことではありません。

期末が近づいて、「これは厳しいかな」と思う場面は誰にもあるはずです。そんな時でも善戦マンは、1％でも多く積めるよう、コツコツと努力を続けます。そして、期末が終わると、翌期は貯金ゼロの段階からスタート。苦しい戦いが続きます。

一方で、評価されるしたたかな人がいます。したたかな人は、期末になって目標が未達成になりそうになると、こう考えます。「このままいっても100％には届きそうもない。ならば、一発逆転の仕事に注力しよう」。

したたかな人にとっては、90%も99%も同じこと。ならば、90%に終わってしまうリスクを背負っても、一気に100%達成できる可能性のあるギャンブルをします。当然、難しい仕事になりますので、使える人は、誰でも使います。スタッフは当然のように、時には上司、その上の上司まで総動員。そして、なんとか実現して達成。こういう仕事の仕方をします。

会社にとっては、期末に向けて1%でも多く積めるようコツコツ頑張る人はありがたい存在ですが、評価はしにくいもの。一方で、したたかな人は評価しやすいのです。毎年95%を続ける人と、90%と100%を繰り返す人があげる実績を通算すれば、生み出した成果は同じ。でも、**毎年95%の人は、「いつも未達成の人」という印象になってしまう**のです。だから、100%という数字を、なんとか作りたい。

善戦マンは、協調的ないい人タイプが多く、なるべく他の人の手を煩わさないように、と自分の能力の範囲でなんとか仕事をやり遂げようとします。でも、「後少し」が届かない原因になっている場合は多いもの。

そんな善戦マンが100%に到達するためには、したたかな人を真似る必要があります。100%までいくために、カギになる仕事に対しギアを上げ、周囲を総動員して実現するということです。
善戦マンから達成マンへの距離は意外に近いもの。善戦マンこそ、一発逆転の仕事を実現してほしいのです。

【ポイント】

100%にこだわり、カギになる仕事には周囲を総動員する

未来の姿

達成する人として認められる

〈著者紹介〉

濱田 秀彦（はまだ・ひでひこ）

株式会社ヒューマンテック代表取締役。1960年東京生まれ。早稲田大学教育学部卒業。

住宅リフォーム会社に就職し、最年少支店長を経て大手人材開発会社に転職。トップ営業マンとして活躍する一方で社員教育のノウハウを習得する。

1996年に独立。現在はマネジメント、コミュニケーション研修講師として、階層別教育、プレゼンテーション、話し方などの分野で年間150回以上の講演を行っている。これまで指導してきたビジネスパーソンは3万人を超える。

おもな著書に、『一冊ですべてわかる　課長のキホン』（河出書房新社）、『あなたが上司から求められているシンプルな50のこと』（実務教育出版）、『社会人1年目からの仕事の基本（「やるじゃん。」ブックス）』（ディスカヴァー・トゥエンティワン）など多数。

著者エージェント：アップルシード・エージェンシー
http://www.appleseed.co.jp

仕事ができる人の逆転ワザ42

2016年10月21日　　第1刷発行

著　者――――濱田 秀彦
発行者――――八谷 智範
発行所――株式会社すばる舎リンケージ
〒170-0013　東京都豊島区東池袋3-9-7　東池袋織本ビル1階
TEL 03-6907-7827　　FAX 03-6907-7877
URL http://www.subarusya-linkage.jp/
発売元――株式会社すばる舎
〒170-0013　東京都豊島区東池袋3-9-7　東池袋織本ビル
TEL 03-3981-8651（代表）
03-3981-0767（営業部直通）
振替 00140-7-116563
URL http://www.subarusya.jp/
印　刷――ベクトル印刷株式会社

落丁・乱丁本はお取り替えいたします

ISBN978-4-7991-0567-2